北朝鮮「虚構の経済」

今村弘子
Imamura Hiroko

a pilot of wisdom

目次

第二章　北朝鮮の経済「改革」は成功するか
――中国・ベトナムとの比較――

第三章　北朝鮮経済史

編集協力／綜合社

まえがき

二〇〇二年九月、朝鮮民主主義人民共和国（以下、北朝鮮）建国以来、日本の首相としてははじめて、小泉首相が北朝鮮を訪問した。しかし、国交正常化への突破口になるはずであった訪朝は、北朝鮮側が拉致被害者のうち八人の「死亡」を伝えてきたことによって、反対に一挙に日本の世論を硬化させることになった。

それ以降、日本のマスコミでは、北朝鮮の拉致問題と核問題を非難する一方で、「喜び組」や「美女軍団」などといった、北朝鮮を揶揄《やゆ》するセンセーショナルな報道も相次ぐようになった。

さらに北朝鮮経済の窮乏ぶりが、脱北者を通じて伝えられるようになると、今にも国家が崩壊するのではないかとの報道もなされるようになった。

北朝鮮経済の実態を知ることは難しい。果たしてその現状をどのように捉えればよいのか。

一九九四年、筆者は北朝鮮を訪問する機会があった。すでにその時点で、宿泊したホテルでも、筆者たちの部屋がある階を除いて照明が消されており、ほかの階は真っ暗であった。お決まりの学校参観で楽器演奏を披露した子供たちの体格は、聞かされた年齢よりも三〜五歳は小さいように見えた。比較的食糧事情がよいとされる平壌《ピョンヤン》でさえも、栄養不足による発育不良が一般化していたのであった。

北朝鮮への食糧援助の是非を論ずるとき、援助された食糧は軍隊に優先的に分配されるだけだという論調がある。確かに、将校クラスの人々の体格は立派であったが、歩哨《ほしょう》などに立つ一般の兵士の体格は貧弱であった（最近伝えられるところでは、軍隊にさえ食糧が行き渡らず、国境警備隊が中国側で押し込み強盗をすることもあるという）。

平壌から板門店《パンムンジョム》へバスで移動した約三時間で、すれ違った自動車は七台だけであった。また日曜日は「健康のために歩く運動」が行われているという説明も受けた。

二〇〇四年夏には、朝中国境となっている鴨緑江に面する丹東（遼寧省）のホテルに宿泊した。このとき、ホテルの窓から鴨緑江橋を通る車両を数えてみた。

鴨緑江橋は老朽化のため一方通行となっていた。一時間毎に、中国から出発する車両と、北朝鮮から出発する車両が、交代で橋を渡るのである。北朝鮮から中国へ向かう車両が通行する一八時から一九時までの一時間に、橋を渡った自動車は二九台で、このうち一一台は空荷であった（荷台を確認できたのはトラックのみ。車内をうかがうことのできないコンテナ車のなかにも空荷の車があったかもしれない）。これに対して、次の一時間に中国から北朝鮮に向かった自動車は五九台であった（一分に一台という通行制限があるため）。

本書は、北朝鮮の経済全般にわたってその構造を明らかにして、社会主義国として誕生し、「主体思想《チュチェ》」を唱え、「地上の楽園」と賛美する者さえいた国家の経済が、なぜここまで悪化してしまったのかを解明しようとしたものである。

本書を書くにあたって、「こうなっているはずだ」「こうなってほしい」という思い込みを避けることを第一とした。

また資料については、中国での北朝鮮研究から得たものが少なくない。中国政府の公式報道とは異なり、中国の研究者は、すでに一九八〇年代には北朝鮮をかなり客観的に見るようになっていた。また北朝鮮と頻繁に往来していることから、北朝鮮国内の変化も観察し続けている。とくに北朝鮮と隣接している吉林省や遼寧省の研究者は、北朝鮮経済の変化を「膚《はだ》で感じる」部分もある。それでもなお実態がわからず隔靴《かっか》掻痒《そうよう》の部分も多いが、本書では、北朝鮮経済の実態について、できうる限り客観的に書いたつもりである。

本書が北朝鮮経済を客観的に見るための一助になれば幸いである。

朝鮮民主主義人民共和国（北朝鮮）

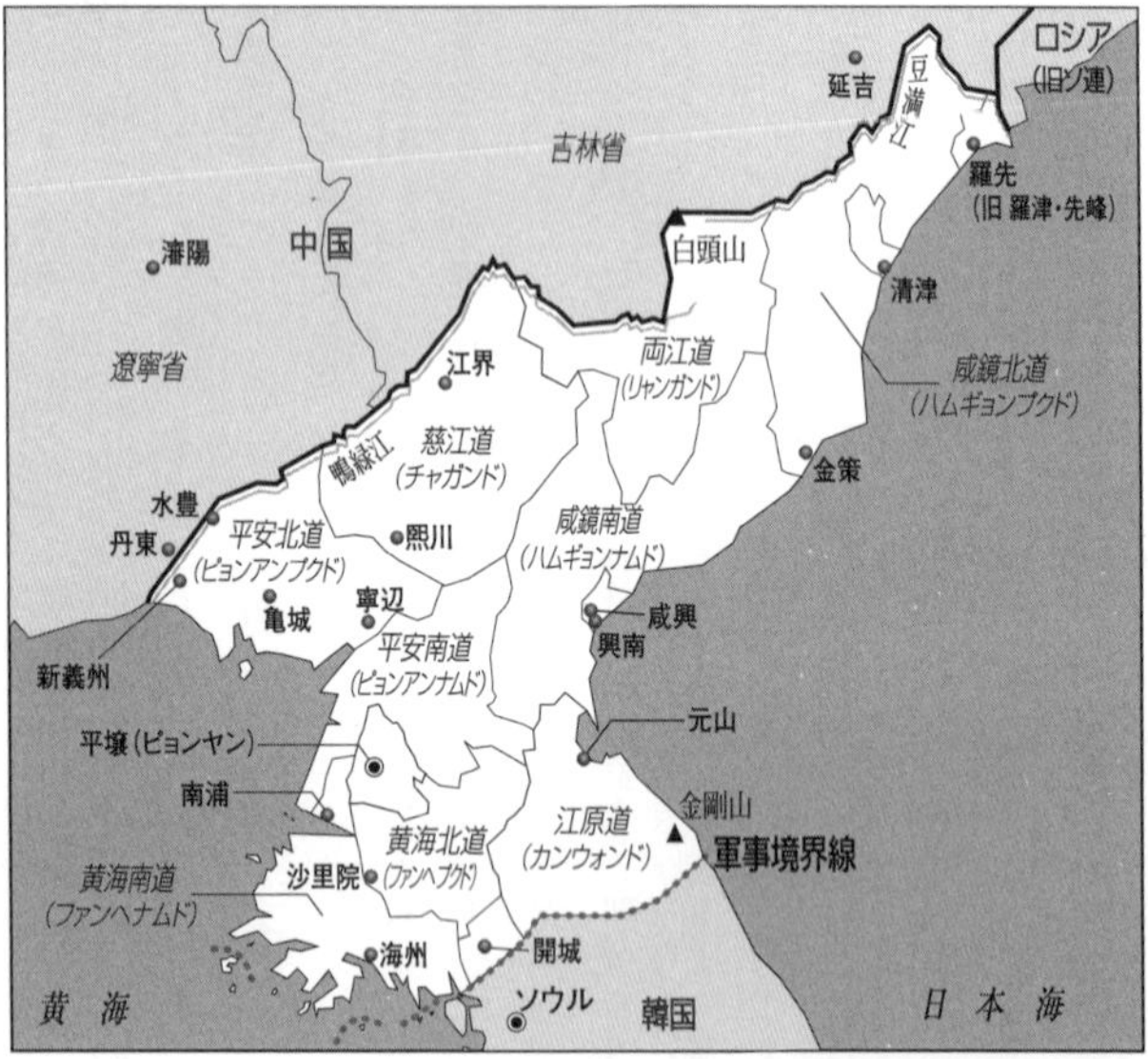

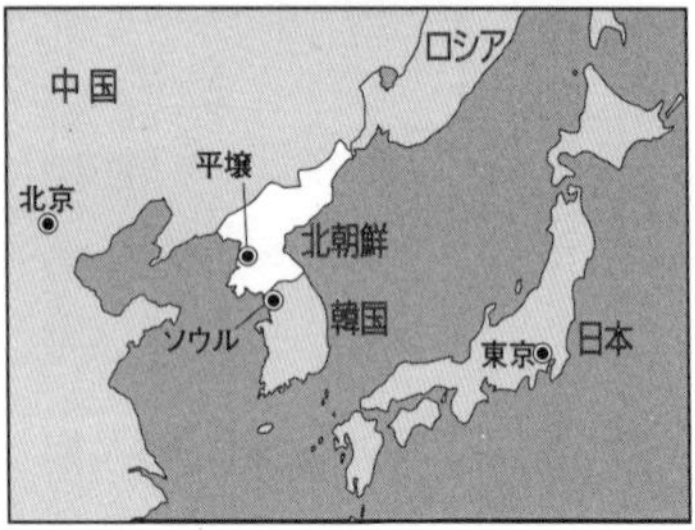

第一章　北朝鮮経済はなぜ破綻したのか

平壌の公園にそびえる故金日成主席の壁画
（2001年５月　ＡＰ／ＷＷＰ）

かつて「自立的民族経済」を標榜していたこの国の経済は、なぜ破綻したのか。そこには社会主義国が共通に抱える問題とともに、北朝鮮独自の問題があった。

北朝鮮は建国直後の時期などを除いて、社会主義国でありながら計画経済が機能しない「計画なき計画経済」国家であり、また「自立的民族経済」といいながらその実態は援助のうえに成り立つ「〝被〟援助大国」であり、対外経済関係ではボーダレスにはほど遠いボーダ〝フル〟な経済国家だったのである（対外経済関係については第四章で詳述）。

1. 計画なき計画経済

計画経済の実態と北朝鮮の特異性

社会主義を名乗っている以上、北朝鮮もほかの社会主義国と同様に長期経済計画を策定し、それに従って経済を運営していた。

ところが北朝鮮の長期計画は、解放直後の諸計画と、朝鮮戦争後の戦後復興三ヵ年計画（一九五四―五六年）以外は、数年も早い繰上げ達成が宣言されたり、逆に計画期間が延長されるなど、変則的な形で終了してきた。また長期計画の終了が宣言されても翌年に新しい計画が始まることもなく、「緩衝期」などと称した空白期間がおかれることがあった。

九四年以降は長期計画そのものが発表されておらず、もはや「計画なき計画経済国家」となっている。

そもそも社会主義国で行われてきた計画経済自体、その計画を人間が作成する以上、あらゆる突発的事項や無数の欲望に応えられるはずはなく、実際には不完全なものとならざるをえなかった。

ソ連ではゴスプラン、計画経済を推進していた頃の中国では国家計画委員会と呼ばれる中央官庁が経済計画を作成していた。しかし、どんなに有能な人間に任せようが、あるいは巨大なスーパーコンピュータを駆使しようが、すべての工場に過不足なく原材料を届け、日々変化していく消費者の多様なニーズを満足させるような精緻な計画を策定するのは不可能である。そのため、現実の社会主義国では、必要とされていない製品が延々と作られ続けたり、逆に必要な製品が不足するということがしばしば起こった。

さらに、たとえば計画を完璧につかさどるコンピュータが存在し、計算のプログラムも完璧であったとしても、入力されるデータが正確でなければ、計算された結果は正しく表れない。

たとえば、中国では「官（役人）が数字を作り、数字が官（役人の地位）を作る」という言葉があるように、統計部門の役人が自分の地位を守るために、多少粉飾した数字を公表する場合がある。

現在では中国でも各種の統計が発表されており、恣意《しい》的な数字だと辻褄《つじつま》が合わなくなるため、数字を捏造《ねつぞう》することは難しくなっている。とはいえ、たとえば公表された二〇〇三年の省別GDP（国内総生産）成長率のうち、国家統計局が全国の成長率として発表した数字より低いのは三〇省のうちわずか一省のみである。普通に考えれば、全国の成長率より高い省と低い省がほぼ半分ずつになるはずであるが、競争意識からか、各省が実際より高めのGDP成長率を発表しているのではないかと疑わざるをえない。

そもそも、高度成長にもかかわらずエネルギー消費量が伸びていない時期もあったことから、中国の高度成長自体に疑問を呈する学者もいた。いまだにGDPという基礎的な統計にすら疑問が持たれているわけである。

また、資本主義国では商品が売れなければ企業は倒産してしまうから、個々の資本家は技術開発やコスト削減に努力を払い、必死になって消費者のニーズを見極めようとする。こうして市場の「見えざる手」が働く結果、需要と供給は均衡点を見出す。そうでなければ気まぐれな消費者が何をどれくらい購入しようと望んでいるかを瞬時にはじき出すことはできない。

ところが社会主義国ではあたかも計画が完全であるかのように振舞ってきた。そのため売れない製品が作られたり、またノルマをこなすことのみに重点がおかれ、生産性があがらない状態が続いていた。

多くの社会主義国には流通専門の部署があり、すべての生産品を一括《いっかつ》して買い上げる。生産部門と流通部門は互いに切り離されているため、たとえ商品が売れ残っても生産部門は責任をとる必要がない。企業は消費者のニーズをつかむ必要もないし、技術革新をすすめて新製品を開発する必要もなかった。当然ながらマーケティングとも無縁である。

企業自ら売れる商品を開発する必要がないので、新製品の開発や品質向上の努力などはしない。ソ連や改革開放前の中国では、軍事産業や宇宙開発など、国家が特別に力をいれていた分野を除いては、産業は長い間停滞していた。

企業はどんなに赤字になっても最終的には国家が補助金を出してくれるので、倒産の心配もない「ソフトな予算制約」であった。むしろある年に張り切って計画を大幅に超過して生産してしまえば、翌年からのノルマがきつくなる可能性もあるので、ほんの少し「超過達成」する程度にしておくのが好都合であり、そのほうが上級の主管部門の受けもよかった。

また本来、社会主義国では「働かざるもの食うべからず」であったはずなのに、悪平等主義は「働いても働かなくても同じ」という風潮を生み出した。文化大革命の頃の中国では、生産活動を熱心に行う者は「思想を蔑《ないがし》ろにしている」として批判の対象になった。

このように、社会主義国の多くが、実際には無謬《むびゅう》ではない長期計画の運営に悩んでいたのであるが、北朝鮮の場合、その計画経済すら、まともに機能してこなかった。計画自体が野心的すぎ、また整合性もなかった。さらに中国、ソ連（ロシア）からの援助の減少や、軍事費の負担の増大という外部要因も重なり、長期計画そのものに意味がなくなっていった。

北朝鮮の経済は、社会主義経済の教科書にも、旧社会主義国の経済変革を説明する移行経済の参考書にも、そしてもちろん資本主義経済の教科書にも見つけることのできない特異な経済なのである。

それでは、このような特異性をもたらしたものは何だったのであろうか。

南北朝鮮の対峙と軍事費の圧迫

北朝鮮経済の特異性の背景として、まずは南北朝鮮の軍事的緊張と、軍事費の経済への圧迫をあげなくてはならないだろう。

一九五〇年、朝鮮半島の武力による統一をめざして北側から開始された朝鮮戦争は、米軍を中心とする国連軍や、中国人民義勇軍も参戦した激しい戦いを経て、北緯三八度線付近で膠着《こうちゃく》。

五三年には「休戦協定」が結ばれる形で「停戦」となった。こうして、以後も大韓民国（以下、韓国）・米国との間で軍事的な緊張関係が続くことになった。

六九年以降、大規模な米韓合同軍事演習が定期的に行われてきたが、北朝鮮はその期間中、民間も含めて非常態勢を敷くことを余儀なくされていた。韓国の全斗煥《チョンドゥファン》大統領の側近は、米韓合同軍事演習の狙いについて、北朝鮮に脅威を与えることだと語っていた。

実際、北朝鮮の金日成《キムイルソン》国家主席は東独（当時）のホーネッカー書記長に「敵側が毎年こうした演習を行うたびに、われわれは対抗措置を取らねばならない」と語っており、さらに「攻撃に備えるため、多数の予備役兵を正規軍の補充に動員しなければならない」として、これによる損失は毎年「一カ月半の労働シフトに相当」すると語っていた(1)。

こうした国際環境のなかで、北朝鮮は国防費に膨大な予算を割かざるをえなかった。北朝鮮が公式に発表している軍事費だけでも、常に国家予算の一〇〜一五パーセントを占めていた。南北の緊張が高まっていた六七―六九年に至っては、公式発表の数字だけで三一・一パーセントにのぼった(2)。これに加えてほかの部門にも軍事的な予算が含まれており、常に予算の三割前後が軍事費にあてられていたのではないかと思われる。

北朝鮮経済が逼迫《ひっぱく》した九〇年代なかば以降も、軍事予算の絶対額の減少分はほかの分野より少ない。生産活動を犠牲にしても、国防を優先させているのである。

韓国も、八〇年代の前半までは国防費が歳出の三割を超えることがあった。その後も国防費の絶対額は増加しているものの、国家予算の規模自体が大きくなっていることから、九〇年代に入ってからは二割を切っている。

民間の経済部門が育成されていない北朝鮮では、GNP(国民総生産)に占める国防費の割合も高くなっている。米軍備管理軍縮局の推計によれば、その割合は九五年には二八・六パーセント、九九年でも一八・八パーセントに達している。(3) それに対し韓国の国防費の対GDP比は、八〇年には五・九パーセントであったものが、九九年には二・八パーセントにまで下がっている。(4)

核兵器やミサイルの開発が取りざたされているように、北朝鮮では軍事部門に多額の資金や資材、研究者を注ぎ込んでいる。九八年にいわゆるテポドン・ミサイルの発射実験を行ったこと(北朝鮮は人工衛星の打ち上げと主張)について、金正日《キムジョンイル》総書記は実験のために何億ドルもの費用がかかったことを認めたうえで「わが国の人民がまともに食べられず、良い暮らしが出来ていないということが分かっていながら、国と民族の尊厳と運命を守り抜き、明日の富強祖国のために資金をその部門に回すことを許可した」と語っているのである。(5)

兵器開発にも力が注がれ、武器輸出は、九〇年代後半には輸出全体の七・一パーセントに達していた。(6) また軍事部門を統括している「第二経済委員会」による生産が、工業生産のなんと八割を占めているという説もある。[7] 予算も優秀な人材も、軍事に回されているのである。

軍事優先路線は労働力人口をも圧迫している。八〇年代の後半には一八歳から四五歳の男性人口四一一万人のうち八四万人が軍役に就いていた。正規軍だけで働き盛りの男性の二割が兵隊にとられていたことになる。このほかに「赤い青年近衛隊」（一四〜一六歳の青少年の部隊）や「労農赤衛隊」（四〇〜六〇代で構成される職場単位の部隊）などの準軍人が三七三万人いた。[8]

その後正規軍の人数はさらに増加し、九〇年代後半には一〇〇万人を超える規模になっていた。中国の研究者が二〇〇〇年に明らかにしたところによれば、北朝鮮の正規軍は一一六万人であった。これは人口の五パーセントに相当する。[9]

こうした軍事優先の政策が、北朝鮮経済の発展を阻害し、歪《ゆが》めてきたことは想像に難くない。

金正日は一九九一年に軍の最高司令官に就任した後、くり返し軍隊の視察を行い、九四年に金日成が亡くなった後は高級将校の異動を行い、さらに視察回数を増やし、軍隊に対する自らの影響力を保とうとしている。金正日にとって軍隊しか頼れる部分がないからかもしれない。金正日自身は兵役の経験がない。軍隊の歓心をかうためにも国防費を削減することはできないのであろう。

金日成・金正日の細かすぎる「現地指導」

金日成は経済運営に関し、あまりにも瑣末《さまつ》な指示を出し続けた。

たとえば金日成の一九七六年の演説に、水田の水もれを防ぐため数百ヘクタールの水田に客土をするよう、平安北《ピョンアンブク》道《ド》亀城《クソン》市の党責任書記に金日成が自ら命じたという話が出てくる。[10] 金日成は（金正日も）、建国当初から全国の工場や農村などを訪れては、こうした直接指導を行ってきた。

一国の指導者が、そんな細かな指示まで出さなくてはならないのか、疑問に思わないでもないが、この演説のなかだけでも「不必要な畑のくろ（あぜ）や石塚はすべて整理し、畑の石を拾い出さなければなりません」「クルミ林を多く造成すべきです」などといった指示が多く見られる。

絶対的な権威を持つ金日成・金正日があまりにも瑣末な指示を下してまわる結果、農民や労働者は「指示待ち人間」ばかりになってしまう。北朝鮮では、指示を逸脱すればその人の思想性を疑われることになる。たとえそれが非科学的だと思っても、疑問を口にすることはできないのであり、現場から生産性をあげるための提言を行う「カイゼン」運動などもってのほかということになる。お上の言うことは絶対なのである。

こうして、非合理な指示も無批判に受け入れて実行しなくてはならず、ますます瑣末なことまで金日成・金正日に指示を仰がなくてはならなくなる。当然ながら、こうしたあり方は生産現場を萎縮させ、生産性を低下させてしまうだろう。

三元化経済

北朝鮮ではどうしてほかの社会主義国よりさらに経済の停滞の度合いが大きかったのか。北朝鮮が「三元化経済」であったからである。(11) 三元化経済とは何か。表向きの計画経済と、「第二経済委員会」、そして闇経済である。まったく異質な鼎立《ていりつ》しがたい要素が経済の重要な部分を担っていたことから、当然ながら経済運営はうまくいかなかった。

第二経済委員会とは、北朝鮮で軍事関連産業部門を牛耳っている組織である。一九七〇年代のはじめに設立された部署で、ここで扱う予算や資機材はほかの部門とは別建てで配分されている。現在のように経済が困難な状況であっても、この委員会に優先的な配分がなされるため、そのほかの生産部門や民生部門がしわ寄せを受けている。

闇経済は、ほとんどの社会主義国に存在した。前述したとおり、計画経済では需要と供給はアンバランスになりがちであり、不足するものは闇で取引されることになる。とくに九〇年代以降、北朝鮮では公営の流通機構は壊滅状態にあり、人々は闇市場に頼らずには生きていけない状態にある。甚だしい場合は、闇市場で食糧を手にいれるために、工場の機械設備を売り飛ばしたという話もある。[12]

二〇〇二年七月には、「経済管理改善措置」の一環として価格改革が行われたが、これも「改革」政策というよりは、流通をもう一度公営に戻すために闇市場を閉鎖することを狙ったものとも目されている。しかし物資がない状態で価格だけを改定したのであるから、闇市場を根絶させることはできずにハイパー・インフレを招いてしまった。

結局、〇三年六月には、いったん閉鎖した闇市場を公認の「総合市場」として、再開させせなければならなくなった。公認されたのだから闇市場は存在しなくなったともいえるが、モノ不足の状況のなかで売り惜しみや価格のつり上げなどが続いている。

繰上げ・超過達成運動

前述のように、社会主義計画経済は、技術革新や生産性の向上という面では資本主義にかなわないが、それでも計画がある程度機能していれば予定の生産量を確保することはできる。北朝鮮も社会主義国であり、計画経済を行っているという面では、社会主義国のこうした利点を共有しているはずであった。

ところが北朝鮮では、本章のはじめにふれたように、その計画を無視した経済運営がなされてきた。計画の途中で強引な繰上げ・超過達成運動が行われることで、結果としてかえって計画そのものを挫折させてしまうのである。大増産運動である「千里馬《チョンリマ》運動」もそのひとつであった。

その発祥については、金日成自身が一九六二年の演説のなかでこう語っている。

「降仙《カンソン》製鋼所の労働者たちは、以前には公称能力にしたがって六万トンしか生産できないといっていた分塊圧延職場で、一二万トンを生産しました。これは、計画が大衆との協議をへて作成され、大衆がその計画を自分のものとして受けとめた時には、いかに緊張度の高い困難な計画であってもかならず実現されることを示す一つの実例であります[13]」

これに触発された大増産運動が、五七年に千里馬運動として路線化され、工場の技術革新・生産増強だけでなく、教育、文化など、あらゆる分野に波及していった。

しかし無理な増産運動を続けていれば、労働者や機械もオーバーワークとなる。そもそも、ひとつの部門で超過達成や繰上げ達成が成功したとしても、他部門の生産とテンポがずれてしまえば、それ以降、原材料などが届かずに、働きたくとも働けない状況になってしまうであろう。

精神主義で国民を鼓舞し、生産性を向上させようとするやり方は、ソ連では三五年以降の「スタハーノフ運動」、中国でも五八―六〇年の「大躍進」があった。中国の学者は、千里馬運動は「大躍進」運動と同じだと批判している。北朝鮮では長期にわたって、また極端な形でこうしたやり方を続けているのである。

計画なき計画経済と「主席フォンド」

北朝鮮経済の特異性を示す言葉として「主席フォンド」なるものがある。フォンドとはロシア語で「蓄え」を意味する。韓国の経済学者梁文秀《ヤンムンス》はその著書『北朝鮮経済論』において、亡命者への聞き取り調査などをもとに主席フォンドの実態を明らかにしている。

ある資材のうち、何パーセント、あるいは何十パーセントかを金日成の思うとおりに動かせることになっていて、この部分を主席（予備）フォンドと呼ぶ。軍事産業、重工業、政治宣伝目的の各種記念碑的建造物、輸出産業、そして金日成が現地指導した工場、農場などに供給される。金日成が重要だと判断した部門や企業に対してだけは、優先的に資材が配分されるわけである。梁によれば、この主席フォンドは八〇年代にはすでに存在していたという[14]。

力のある企業は、自分から「主席フォンド」を融通してもらおうと努力する。政務院（一九九八年に内閣に改称）に提議書を書き、首相の認可を得て、主席部に報告される。そこで供給増が必要と判断されれば「主席フォンド」で処理されることになるのである。

反対に、有力でない企業は「主席フォンド」を獲得できずに原材料の調達が困難になり、生

産計画を達成できないことになる。主席フォンドを早く融通してもらおうと思えば、ものを言うのは賄賂である。(15)

金日成死後は、このフォンドはおそらく金正日に引き継がれたものと思われる。

このほか梁は、原材料供給が不安定なために、どうしても「突撃戦」と称する強引な繰上げ達成運動をせざるをえない実態も明らかにしている。この「突撃戦」について、金日成は「(月間計画を)一部では上旬に10%も遂行できず、中旬にも20%そこそこで、下旬になって突撃戦をくりひろげて70%をやり遂げています。そのため製品の質が改善されず、労働者を疲労させ、設備を酷使して翌月にはいって設備補修のためまた生産を正常化することができなくなります」と述べている。(16)

本来は前月末あるいは月はじめに届いていなくてはならない資材が、実際には中旬や下旬に届くために、下旬にこのような突撃戦をせざるをえなかった、というのである。計画そのものがあまりに野心的、あるいは杜撰《ずさん》であるために、原材料や資機材の供給に齟齬《そご》をきたし、それを糊塗《こと》するために、主席フォンドを融通し、それによってさらに生産体系がいびつになっていく様子が、明らかになっている。

さらに『北朝鮮経済論』では、北朝鮮では生産計画の達成基準は生産量でなく、生産額で表されるので、各生産現場では、高額な製品を作りたがり、技術開発のようにすぐ成果が出ず、

実験費用がかかるような部門に出せる資金がないことなども明らかにしている。(17)

以上で見てきたように、北朝鮮は、社会主義国が抱える共通の問題に加えて、軍事費の過重な負担、恣意的で瑣末な金日成・金正日の指示、精神主義的な繰上げ・超過達成運動の弊害などにより、計画なき計画経済とでもいうしかない独自の問題を抱えて経済を疲弊《ひへい》させてきた。

さらに北朝鮮は、自立的に国家を運営していくという「主体思想」を唱え、独自の経済建設を行っていると主張してきたが、実際には建国当初から援助漬けの状態にあり、中ソ、とくにソ連からの援助が滞《とどこお》れば、たちまち経済が成り立たなくなってしまうという脆《もろ》さを抱えていた。以下、中国で発表された資料などに基づいて、その全貌を明らかにする。

2. 〝被〟援助大国北朝鮮

中国の経済学者林今淑は、北朝鮮の「〝被〟援助大国」としての実態を、以下のように明らかにしている。林によれば、北朝鮮は建国後から一九七〇年代まで〈図表1〉のように多くの援助を社会主義諸国から受けてきた。以下とくに援助額が大きかったソ連と中国について詳細に見ていくこととしよう。

〈図表1〉社会主義国の対北朝鮮援助（1945-70年）（単位：百万ドル）

時期	援助国	合計	無償援助	有償援助	償還免除
1945-49	ソ連	53		53	
1950-60	ソ連	713	515	199	217
	中国	509	336	173	120
	東独	105	105		
	チェコ	200	200		
	ルーマニア	23	23		
	ブルガリア	13	13		
	ポーランド	92	92		
1961-70	ソ連	197		197	
	中国	105		105	
	東欧各国	35	35		

資料）林今淑『朝鮮経済』p.218

生産設備の五割がソ連の援助

ソ連（ロシア）からの援助は四つの時期に分かれている。

第一段階は四八年の建国から朝鮮戦争を経て五〇年代の終わりまでの時期で、贈与が中心であり、北朝鮮の経済建設に大きな役割を果たした時期。

第二段階は六〇年代から八〇年代までで、借款が中心の時期。ソ連との間が次第に疎遠になっていき、しかも北朝鮮にとっては返済の負担が重くなってきた時期でもある。なお、五一―六〇年の援助は年平均八一八〇万ドルであったのに対し、六一―七〇年の援助は年平均四二四五万ドルと半減した(18)。

第三段階は、八五年のゴルバチョフの登場

からソ連が解体する九一年までの時期で、一時的に援助の規模は回復したが、九〇年に韓ソが国交を樹立し、その後援助は激減した。

第四段階は九一年のエリツィン登場後で、ロシアからの援助が再開された時期。ただしソ連時代に比べれば、援助はごく限られた分野にとどまっている。

北朝鮮の建国時および朝鮮戦争直後の経済建設においては、ソ連からの援助が大きな役割を果たした。

建国直後、第二次世界大戦で破壊された鉱山や工場施設などの修復のためにソ連から技術者が派遣された。その結果、四九年には四六年に比べて諸分野における生産力は一・五倍から四倍となった。再び壊滅的な戦災を被った朝鮮戦争休戦後の五三年九月には、ソ連によって一〇億ルーブルの無償援助が供与され、北朝鮮の基幹産業となる工業部門への援助が行われた[19]。

三ヵ年計画（五四―五六年）時には、ソ連が提供した無償援助の年平均額は四億一六一五万ドルであった。金策《キムチェク》製鉄所（咸鏡北道《ハムギョンブクド》）や沙里院《サリウォン》トラクター工場（黄海北道《ファンヘブクド》）、興南《フンナム》化学肥料工場（咸鏡南道《ナムド》）の建設や修復がなされた。当時のソ連をはじめとする社会主義国家からの援助総額は、北朝鮮の国家予算の四分の一、投資総額の四分の三を占めていた。五六年には再び三億ルーブルの無償援助が供与され、インフラの整備に用いられた。

六一年の段階でソ連の援助によって建設された北朝鮮の生産設備は、工業総生産量の五〇パ

〈図表2〉北朝鮮工業に占める援助の割合（1961-70年）

工業分野	単位	総生産量	援助による生産量	援助の割合（%）
電力	1000kW	1771	1661	93.7
銅鉱	1000トン		750	40
圧延鋼	100万トン	0.8	0.185	23.1
非鉄金属	1000トン	12	12	100
各種歯車	100万セット	1.2	1.2	100
化学肥料	1000トン	0.940	0.236	25.5
染料	1000トン	0.9	0.9	100
タイヤ				100
セメント	100万トン	1.7	0.4	23.5
ガラス	100万m^2	50	50	100
製紙	1000トン	66	20	30.3
織物	100万m	212.3	101.4	47.7

資料）林今淑『朝鮮経済』pp.217-218
注）援助の割合が計算と合わない部分もあるが、ここでは資料に従った。

ーセントで、電力、鉄、非鉄金属では四〇パーセントを占めていた。化学肥料に至っては一〇〇パーセントがソ連の援助である。

　これに対して、五〇―五四年にソ連が中国に貸与した有償の借款は一二億ルーブル（三億ドル）であった[20]。中国と北朝鮮の国土や人口を比較すれば、ソ連の対北朝鮮援助が、北朝鮮の経済により直接的で大きな影響を与えていたことがうかがわれよう。

　またソ連は北朝鮮に対し、援助のうち一部の返済を免除、一部は返済期間を延長している。

〈図表2〉は、六一年から七〇年までの一〇年間に、工業部門において援助がどれほどの割合を占めていたかを示すものである。これを見れば、六〇年代に至っても北朝鮮経済がどれほど援助に支えられていたかわかる。

縮小した六〇、七〇年代の援助

一九六〇年代に入ると、ソ連の援助の性格が変化してくる。五三年、ソ連共産党の指導者として独裁政治を行っていたスターリンが死去すると、その後実権を握ったフルシチョフは、スターリンによる大粛清や失政および個人崇拝を批判した。中国はフルシチョフのこうした言動を批判、「中ソ論争」と呼ばれた国際共産主義運動をめぐるイデオロギー上の議論は、次第に国家的な対立にまで発展していった。

中ソ対立のあおりを受けて、ソ連から北朝鮮への援助は減少し、そのうえ無償援助から有償援助へとその形態も切り替えられたが、援助自体は続けられた[21]。六一年には朝ソ友好協力相互援助条約が結ばれ、北倉《プクチャン》火力発電所（平安南道。総発電量一六〇万kWhで、当時アジア最大）のほか、平壌（七〇万kWh）や清津《チョンジン》（咸鏡北道）の火力発電所の建設のために二五〇〇万ルーブルの借款がなされた。この結果、七七年から八四年の間で北朝鮮の発電容量は二倍になった[22]。また、この豊富かつ安価な電力を利用したアルミニウムの精錬工場も、やはりソ連の援助によって北倉に建設された[23]。この借款の条件は、年利二パーセントで返済期間は一〇年であった。六六年から七二年にわたり、一億六〇〇〇万ルーブルの借款（年利二パーセント）

〈図表3〉ソ連の対北朝鮮援助

（単位:百万ドル）

1	1945年6月		1500トンのコメ、16500トンの食品、5000トンの精油
2	1946-49年	546	無償援助、北朝鮮の総投資額の33.2%
3	1950-53年	375	武器、弾薬、石油、薬品など
4	1953年9月	250	無償、800台の機械、セメント、食品など
5	1954-56年	1248.45	水豊発電所、金策製鉄所、興南化学肥料工場などの修復
6	1956年8月	75	無償
7	1961年7月	27.8	朝ソ友好協力相互援助条約、年利2%、期間10年
8	1966年	177.8 46.7	年利2%、期間10年　53プロジェクト
9	1970年9月	216.7	年利2%、期間10年
10	1976年2月	133.3	清津火力発電所など
11	1981年	755.6	うち9100万ルーブルが無償、61プロジェクト
12	1984年5月	2666.7	金日成ソ連東欧歴訪
13	1985年12月		1760万kWの原子力発電所
14	1996年4月		8つの領域で協力合意
15	1996年11月		金策製鉄所と勝利化学工業工場の設備更新
16	1998年		4月より毎月3万トンのコークス提供
17	1999年		毎月9万トンのコークス提供

資料）林今淑『朝鮮経済』p.32,41,43,51,213,216,221,222,227および沈聖英「朝鮮与蘇聯的経済関係」より筆者が作成
注）4および6〜12については原文がルーブル表示であったので、当時の公式レート（1960年末までは1ドル＝4ルーブル、61年以降91年まで1ドル＝0.9ルーブル）でドル換算した。61,66年については償還を71年1月より14年間の均等払いに延期。49-73年に提供された元金と利息は76-80年に償還予定だったが、76年に4億ルーブルを借換え、商品によって返済。

が供与され、冶金や原油加工、化学工業設備の建設にあてられた。返済方法は設備完成後一〇年の均等返済であった。

　北朝鮮はソ連に対して、四九年から七三年までに供与された借款の元金および利息を七六―八〇年の五年間で返済することになっていた。ソ連は北朝鮮の経済が困難である状況を鑑《かんが》み、七六年に新たに年利二パーセントで四億ルーブルを供与した。借款の借換えが行われた

わけである。この返済は一〇年間で行われる予定であったが、北朝鮮が現金による返済ができなかったために商品によって返済することになった。

新規のプロジェクトばかりではなく、八〇年代なかばまでには既存の六六プロジェクトの補修のための借款がソ連によってなされ、さらにその後も一七以上のプロジェクトが補修または建設されたのであった[24]。

八四年に金日成はソ連・東欧を歴訪したが、その際あわせて三〇億ルーブルの経済援助を受けた。うち八割がソ連からの援助であった。

また、ゴルバチョフ政権誕生後の八五年一二月に姜成山《カンソンサン》首相がソ連を訪問、八六―九〇年の経済技術協力協定や北朝鮮の原子力発電所（一七六〇万kW）建設に関する新経済技術協力協定など、いくつかの条約や協定を締結した。さらに八六年一二月には八六―九〇年の商品交易協定と、九一―二〇〇〇年の軽工業部門に関する政府間協力が約束された。

後で見るように、北朝鮮は七〇年代のはじめに西側諸国から大量のプラントを導入したが、それを経た八〇年代時点でも、ソ連の援助によって建設された設備による生産が電力で六〇パーセント、鉄鋼で三〇パーセント、圧延鋼材で三四パーセント、石油製品で四五パーセントなどのように圧倒的割合を占めていたという（ソ連の資料によれば、八二年の数字として、北朝鮮の工業部門に占めるソ連の援助の割合を次のように紹介している。エネルギー加工の分野で六八パーセント、鉄鋼三三パーセント、鉄一一パーセント、圧延金属三八パーセント、原油五〇パーセント、織物二〇パーセント、化学肥料一四パーセント、鉄鉱石採掘四二パーセント[25]）。

ソ連崩壊後の両国関係

一九九一年のソ連崩壊後、バルト三国や中央アジア諸国が独立したが、旧ソ連の領土の大部分はロシアによって継承された。経済面では、ロシアは旧ソ連の債権の六一パーセントを継承したが、これによれば北朝鮮のロシアに対する債務は利子も含めて三三億ルーブルで、二〇〇一年までに返済することになっていた。北朝鮮は九二年にはロシアに一〇億ルーブル以上を返済したが、これは過去五年間の北朝鮮のソ連への平均年間輸出額のおよそ二倍にあたった[26]。

ソ連崩壊からしばらくの間、ロシアからの援助はなくなったが、エリツィン時代になって再開され、九六年四月に軽工業や林業、経済特区の建設など八つの領域での協力が合意された。一一月には相互投資促進協定と投資保護協定が結ばれ、金策製鉄所と勝利《スンリ》化学工業工場などの設備の更新の援助が行われた。また九八年より毎月コークス三万トンが、九九年からは九万トンがロシアから北朝鮮へ提供された。一方北朝鮮はロシアに労働力輸出を行っており、沿海州の天然資源の開発にあたっている。

貿易は援助そのものではないが、北朝鮮とソ連との貿易は八〇年代まではバーター（清算勘定方式）貿易であり、しかもほとんどソ連の輸出超過となっていたこと、また生活や経済運営にとって必需品である食糧や原油がソ連から輸出されていたことを考えると、ソ連の対朝貿易には援助的要素も多分に含まれていたものと思われる。

貿易および援助の面で、ソ連への依存度がこれほどまでに高かったこと、つまりそれらがなければ経済が成り立っていかなかったことを思えば、ソ連崩壊後の北朝鮮の経済運営は、貿易面だけで考えるよりも、はるかに厳しいものであったろう。

中国が肩代わりした朝鮮戦争戦費

ソ連同様、北朝鮮に多額の援助を行ってきた中国の場合はどうだろうか。

一九四八年九月九日の北朝鮮建国から一年後、国民党との内戦に勝利した中国共産党は、四九年一〇月一日に中華人民共和国の建国を宣言した。朝中両国はその五日後の一〇月六日には国交を樹立している。

ところがその数ヵ月後の五〇年六月に朝鮮戦争が勃発、南進した北朝鮮軍を押し返して北上を続ける米軍を中心とした国連軍が中朝国境に迫るなかで、中国も義勇軍という形で北朝鮮側に立っての参戦を余儀なくされた。

さらに中国はこの戦争で北朝鮮が使った一切の物資と費用を無償で援助したのだが、このなかには結果的に中国が背負うことになってしまったものもある。戦争中に使用したソ連製兵器の債務も中国が負担しなければならなかったのであった。中国のソ連に対する返済は、大躍進政策が引き起こした六〇年前後の三年にわたる大飢饉のさなかも続けられた。中国は、飢餓に耐えながら貴重な物資をソ連に搬出しなければならなかったのである。しかしこれについては「本来中国が返済する必要のない債務である」という意識が中国にはあったようである。さらには朝鮮戦争への参戦そのものが、「建国間もない中国の経済建設をひどく阻害した」との意識もあった。[27]

このほかにも、中国は北朝鮮の戦後復興の費用として八億元（約三・三億ドル）を無償で贈与している。[28]これは当時の中国の歳入の三パーセントに相当する。うち三億元分は五四年に北朝鮮に贈られたが、そのなかには一〇万トンの食糧、三万トンの大豆、数千万平方メートル分の布、船で数十隻分に相当する石炭が含まれていた。[29]

朝中友好相互援助条約

一九六一年には金日成首相（後に主席）が訪中、周恩来首相と会談し、「朝中友好相互援助条約」を締結した。[30]この条約は、相互の「主権尊重、内政不干渉、平等互恵の原則および友好協力の精神」、さらに両国の社会主義建設事業のなかで「可能なあらゆる経済および技術援助を与え合う」ことなどをうたっている。

中国は、北朝鮮が当時すすめていた七ヵ年計画（六一―六七［実際の達成年は七〇］年）の目標達成のために、エネルギーや鉱産物、農産品、鉄鋼やプラント建設に必要な物資の援助を行っている。(31)

この頃の中ソ関係は、前述したようなイデオロギー的な対立から、珍宝島（ダマンスキー島。中ソ国境を流れるウスリー川の中州）での武力衝突も含んだ国家的な対立へとエスカレートしていった。さらに、相互不可侵や平和共存などを掲げた平和五原則を共同提唱するなど良好な関係を築いていたインドとの間でも、五九―六二年には国境紛争が頻繁に起こるようになった。中国は国際的に孤立した状態にあった。

こうしたなかで、なんとしてでも中国を支持してくれる国家が必要であったことから、中国は経済的に無理をしながら対北朝鮮援助を行ったのである。そのかいあってか、北朝鮮は中印国境紛争に際して中国を支持。また六二年、六三年にチェコ共産党および東独の社会主義統一党が中国共産党を非難した際にも、朝鮮労働党は中国支持の旗幟《きし》を鮮明にしたのであった。(32)

一時的に悪化した朝中関係

しかし、この良好な朝中関係も長続きはしなかった。一九六六年に中国で「文化大革命」が始まり、毛沢東を熱狂的に支持する紅衛兵が朝鮮労働党とその領袖（金日成のこと）を攻撃する壁新聞を貼り出したことから、両国関係は急速に悪化。六七年九月には北朝鮮は駐中国大使を召還するに至った。

朝中関係は、翌六八年に北朝鮮が米軍の情報収集艦「プエブロ号」を拿捕《だほ》したことを中国が支持したことから、再び好転する。さらに七〇年には周恩来首相が訪朝し、ようやく完全なる修復がはかられたかに見えた。

しかし七二年二月に、ニクソン米大統領が訪中すると、北朝鮮は「米帝国主義に反対する」というソ連との共同声明を発表してこれを批判[33]。これに対して中国は、米中の「上海コミュニケ」のなかで、七一年に北朝鮮が発表した南北朝鮮の「統一方案」に対して支持を表明するなど、朝中が決定的な対立に至るのを避ける配慮を行っている。

また七三年以降八〇年代のはじめまで、中国はA－5戦闘機などの軍事物資を北朝鮮に供給していた。ただし軍事物資の供与は八〇年代のなかばには縮小し、かわってソ連がミグ29、スホーイ5といった戦闘機や地対空ミサイルなどを北朝鮮に供与するようになった[34]。

原油・石炭・食糧の継続的援助

一九七一年には、朝中間で七一—七六年重要物資相互供給協定が締結され、毎年五〇万トン

（約三七〇万バレル）の石油が中国から北朝鮮に供与されることになった。七六年一月には「朝中友好パイプライン」の通油セレモニーが北朝鮮で行われた。[35] これにより、七六―七九年には毎年一〇〇万～一五〇万トンの石油が北朝鮮に供給されていた。

この時期、中国から北朝鮮向けに輸出される原油の価格は一バレル当たり四～五ドルで、これは国際市況よりははるかに安価な「友好価格」であった。ちなみに同時期、中国は日本に対しては一四～二六ドルで原油を輸出していた。[36]

八〇年代を通じて両国首脳の相互訪問が頻繁に行われるなど、両国関係は概ね友好的に推移した。八四年に北朝鮮の姜成山首相が訪中したときには、冷蔵庫や洗濯機、食品加工工場などの建設の援助が約束された。同じく八四年には四億ドルの借款が供与され、さらに毎年四〇〇〇万ドル相当のコークスの提供が約束された。[37]

九〇年には、共産党総書記に就任した江沢民が、総書記として初の外遊先として北朝鮮を訪問した。江沢民は中国が韓国との経済関係を今後より進展させていくことを通告、そのかわりに北朝鮮に毎年食糧五〇万トン、原油一三〇万トン、石炭二五〇万トンの援助を続けることを約束した。当時の北朝鮮では、人々の食用としてだけで（つまり飼料用穀物や加工用、および種籾用を含まずに）最低五二〇万トンの食糧が必要とされていたから、これによれば必要量の約一〇分の一を中国からの援助に依存することになる。

このほか軍事物資の援助も行われることになったが、これには戦闘機などの兵器供与だけでなく、戦闘機用の燃料も含まれていた。[38] 一億元の借款の供与も決定され、九四年までの毎年末に、両国でその使い道の協議が行われていた。[39]

しかし通関統計の数字や、その後の北朝鮮経済の状況を見ると、これらの援助が約束どおりに履行されたとは考えにくい。もちろんこれまで述べてきた数字のすべてが新規というわけではなく、既存の援助の実績にいくらか上乗せする程度であったのかもしれない。しかし、もし援助枠は設定したものの中国が完全にそれを履行できなかったというのであれば、その後の北朝鮮の中国に対する不信の要因のひとつとなった可能性もある。

この食糧などの援助に関しては、九六年になってソウルの外交筋の情報として、今後五年間中国が「半分は無償、残り半分の有償分は国際価格の三分の一」という条件で北朝鮮に提供するとの密約を交わしたとの新聞報道があったが、[40] この数字に関しても、統計などから見るとにわかには信じがたい。

中国の援助に対する考え方

一九八九年五月には中ソの和解も実現し、同年一二月のマルタ会談によって東西冷戦に終止符がうたれたことで、中国の援助政策は変化をとげる。

中国は、五〇年代から八〇年代にかけて、いわゆる第三世界の支持を得るために、自らも発展途上国でありながら、財政的に無理をしてでも、これらの国々に援助を行ってきた。

しかし中国が厳しい国際環境から解放されるようになると、無理に援助を行う必要はなくなる。それどころか、さらに援助を続ければ、日本など対中援助を供与している国々から「他国に援助を供与している国家に援助する必要があるのか」という対中援助無用論が出てくる可能性もあった。また中国が六〇―七〇年代を中心に行ってきた大型援助が、タンザニアとザンビアを結ぶタンザン鉄道をはじめとして、所期の効果をあげていないことも、中国の援助見直し論に拍車をかけた。

こうして、中国の対外援助に対するスタンスは変化していき、九〇年代以降、援助は縮小していった。現在では、中国が援助を行っているのは、台湾との間で国交関係をめぐって援助競争の舞台となっている中南米やアフリカ諸国に限られている。

九〇年代の中国の対朝援助

朝中の間では、一九九〇年に決定された借款について、その後も協議は行われていたが、九二年に中韓の国交が樹立されて以降、北朝鮮が中国・韓国の国交樹立に抗議して代表団を派遣しなかったこともあって、新規の援助に関しての協議は中断された。

さらに、九四年には北朝鮮にとって厳しい事態が起こった。

九四年、中国の食糧生産量の減少が明らかになった。前年に比べてわずか二・五パーセントの減少ではあったが、同年末になって中国は食糧の事実上の輸出禁止措置をとった。中国は九四年には食糧を一三四六万トン輸出し、九二〇万トン輸入していたのだが、九五年には輸出量は二一四万トンにとどまり、反対に輸入量は二〇八一万トンへと急増した。

こうした中国の旺盛な買付けにより穀物の国際相場は急激に高騰した。

北朝鮮は、乏しい外貨のなかから毎年一〇〇万〜一五〇万トン（およそ一・八億〜二・四億ドル）前後の食糧を輸入していた。しかし九四年には雹《ひょう》害によって減産となり、さらに中国からの援助および輸入が減少したことに加え、国際市場では穀物価格の値が上がるというトリプル・パンチを受けたわけである。このため九四年の北朝鮮の穀物輸入量は五七万トンにとどまった（一七四ページ〈図表14〉参照）。

北朝鮮が大水害に見舞われた九五年末近くになって、ようやく中国は北朝鮮に対して三〇〇〇万元および三〇万トンの食糧の援助を行うことを決定した。[41] さらに、九六年五月に洪成南《ホンソンナム》副首相が訪中した際に朝中政府間の経済技術協力協定に調印したほか、中国が北朝鮮に二万トンの食糧を援助するという交換公文への調印も行った。[42] 九六年中にはさらに一〇万トンの食糧を援助した。

〈図表4〉最近の中国の対北朝鮮援助

1990年	江沢民が毎年50万トンの穀物、130万トンの原油、250万トンの石炭の供与を約束
1995年	3000万元の援助（10万トンのトウモロコシ）
1996年	5月　洪成南訪中時　2万トンの食糧援助 7月　羅幹訪中時　10万トンの食糧無償援助
1997年	4月　7万トンの食糧無償援助 6月　2000万元の救援物資を援助 7月　さらに8万トンの食糧無償援助
1998年	4月　10万トンの食糧と2万トンの化学肥料無償援助 10月　8万トンの原油無償提供
1999年	6月　金永南訪中時　15万トンの食糧と40万トンのコークス無償援助
2000年	5月　金正日非公式訪中　食糧と物資の無償援助
2001年	1月　金正日訪中時、20万トンの穀物、3万トンのディーゼル油を無償援助することを通報（*1） 3月　曾慶紅訪朝時　無償援助
2002年	4月　5000万元相当の物資を無償援助（金日成生誕90周年）（*2）
2003年	10月　呉邦国訪朝時　無償援助（*3）

資料） 1990年は外交部傘下の研究機関からのヒアリング。95年は対外経済貿易合作部傘下の研究機関からのヒアリング。96-01年は中国社会科学院「朝鮮半島資料数据庫（CD-ROM）」より再構成。2002-03年は公式報道。
（＊1）この援助数量に関しては、同年9月の江沢民訪朝の際にもくり返して述べられているのを北朝鮮側報道機関のみが伝えた。1月に約束したものが、それまで実行に移されなかったことを不満として北朝鮮側が報道したのかもしれない。（＊2）02年9月にディーゼル油2万トン、03年7月同1万トン無償援助（「朝日新聞」03年7月17日朝刊）との報道も（援助の内訳か）。（＊3）この援助に関して、吉林省のある研究者は2億元であると述べている（公式報道では未確認）。「朝日新聞」04年1月10日夕刊によれば5000万ドルとも。

九〇年代の主な中国の対北朝鮮援助は〈図表4〉のとおり。二〇〇〇年の援助は五月の金正日の訪中時に示されたもの、〇一年一月の援助は江沢民の訪朝時に明らかにされたものである。ただしこのときには、中国側の報道はなく、北朝鮮側だけが数量などを報道した。北朝鮮は中国の援助があまりにも少ないために、「抗議のために」報道したのだとの説もある。

中国では、一九九〇年

代後半には食糧の余剰があり、倉庫が足りないために余剰食糧の品質の劣化すら起こっている。そのため数量的には一〇〇万トン単位の援助も可能なはずであった。それにもかかわらず、中国が多くの食糧を援助しないことについて、中国のある研究者は「北朝鮮に間違ったサインを送らないため」と言っている。つまり中国が全面的に北朝鮮を支持しているわけではないことを暗に示しているのであろう。

二〇〇三年二月には、中国は朝中友好パイプラインによる送油を三日間止めている。中国は「補修のため」と称しているが、北朝鮮の核開発再開に対して圧力をかけたものと思われる。(43)

〇三年八月、北朝鮮の核問題をめぐって六ヵ国協議(中国を議長国とした米朝韓日ロによる協議)が開催された。その第二回目の会議は一二月の開催をめざして各国の調整がすすめられていたが、「検証可能かつ不可逆的で完全な核の放棄」を求める米国に対し、核の凍結と同時に安全の保証を求める北朝鮮との間の溝は深く、結局一二月には開催できなかった。

交渉の過程で中国の呉邦国全人代委員長が一〇月に訪朝。核問題については、対話を通じて平和的に解決することが各方面の利益になるという考えが中国の原則的立場であるとし、次回の六ヵ国協議を行うための必要な条件を創り出し、準備をすすめるとしていた。

報道では、この呉邦国委員長の訪朝中に、中国が北朝鮮に無償援助供与を約束したということだけが伝えられているが、吉林省社会科学院のある研究者は、その額を二億元(約二五〇〇万ドル）と紹介している。またこの際、中国が六ヵ国協議への参加を条件に五〇〇〇万ドル相当の無償援助を供与するという条件を提示したとの報道もある。[44]事実とすれば原油の供与以外では久しぶりの大型援助である。

中国の発展のためには、東北アジアの安定は欠かせず、東北アジアの安定のためには北朝鮮の安定が欠かせない。そのためには、現状では金正日政権を支持する以外に安定を維持することができないとの判断から、中国は大型の援助を行わざるをえなかったのだろう。

中国の援助については、実際には公表されているほかにも毎年三億〜五億ドルという多額の援助を行っているという説もある。あるいは中国の北朝鮮への輸出が援助として数えられているのかもしれない。一九九一年以降、朝中の貿易はハード・カレンシー決済（交換可能通貨による支払い）ということになっているが、実際には北朝鮮には支払い能力はなく、実質的には中国の援助となっている可能性もある。

以上、中国の対北朝鮮援助の全貌を歴史的に眺めてきた。建国間もない時期から八〇年代まで、紆余曲折はありながらも、国際社会において北朝鮮からの支持を得るために、中国がときに財政的な無理をしてでも対北朝鮮援助を続けてきたことがわかる。ところが、九〇年代に入ってからの東西冷戦の終結と中ソ（ロ）の和解という国際的な変化のなかで、中国にとって国際社会における北朝鮮の支持の重要性は薄らいでしまった。このことは北朝鮮に大きな打撃を与えることになった。

東欧からの援助と北朝鮮の援助供与

中ソ以外の社会主義諸国からの援助についてもふれておこう。

先の〈図表1〉に掲げたほかにも、一九五三年にハンガリーから五六〇万ルーブル（約一四〇万ドル）、アルバニアから六〇万ルーブル（約一五万ドル）、モンゴルから四〇万ルーブル（約一〇万ドル）、ベトナムから一〇万ルーブル（約二・五万ドル）が北朝鮮に供与されている。建国の年の四八年から六〇年までの社会主義国からの援助は、合計で一六億五三〇〇万ドルに及んだ。

このうち一二億七八〇〇万ドルが無償援助である。有償援助であった三億七五〇〇万ドルのうち、三億四〇〇〇万ドルの返済が免除されている。この時期に供与された援助のほとんどが返済を義務付けられていないものであった[45]。

実は北朝鮮は、「〝被〟援助大国」でありながら、額は多くないものの、自らも援助を行っていた。七〇—七六年に三四ヵ国（うち二六ヵ国がアフリカ）に二七九〇万ドル（無利息、二〇年償還）、八〇年代には二・六億ドル（うち無償は九八万ドル）を供与している[46]。国際社会において、「第三世界」からの支持をとりつけるための援助であった。

食糧援助受け入れとその後の北朝鮮

一九九四年の雹害、そして九五、九六年と続いた大洪水によって、北朝鮮はついに西側諸国も含めた国際社会から食糧の援助を受けることになった。しかしその食糧援助に対してさえ、当初は警戒的な論調が見られた。

九六年二月、すでに食糧援助を受けることに軍部が反対していると伝えられたが、(47)九七年になって、援助を受けることに対しての警戒を促すような論調が現れている。

ひとつは九七年四月の「アルバニアの事態は何を示すのか」という「労働新聞」の評論員論評で、これによればアルバニアで金融・経済政策の破綻を招いたのは、アルバニアでブルジョア復帰主義者らが「改革」「開放」を追求し、帝国主義者らの「援助」に幻想と期待を持ったからだとしている。(48)アルバニアの情勢に名を借りて、西側から援助を受けることへの警鐘をならしているものと思われる。

さらに六月には、「労働新聞」で「革命と建設において主体性と民族性を固守することについて」と題する金正日の「労作」が報じられた。そこでも、帝国主義者らの援助はその国の経済を活性化し民族的和解をはかる妙案ではなく、漁夫の利を得るためのものであるとして、「現実が示しているように、帝国主義者らの『処方』を受け入れたところでは、社会的・経済的難関がさらに深刻化し、民族紛争がますます激化している」「帝国主義の侵略的・略奪的本性を見抜けず、帝国主義者らの『援助』に期待をかけること以上に愚かで危険なことはない。帝国主義者らの『援助』とは、一を与えて十、百を奪うための略奪と隷属のワナである」と述べている。(49)

これは、北朝鮮がはじめて西側からの食糧援助を受け入れたことから、「体制の崩壊が間近なのではないか」との観測が流れたり、援助について、北朝鮮をソフト・ランディングさせるための手段として捉える考え方も出ていることに対抗するため、このような強い文章を外部に発表したのではないかと思われる。西側が食糧援助を金正日体制崩壊の道具にしようとしているのならばそれは間違いである、という強いメッセージを送ったわけである。

また中国で言うところの「和平演変」、すなわち平和的な手段によって体制の変革を迫る西側諸国に対する警戒を、国内に向けて呼びかけているものとも思われる。

以上、見てきたように、北朝鮮は、建国当初から中ソの大規模な援助の供与を継続的に受けて国家建設を行ってきた。

北朝鮮経済は、自立的経済を標榜しながら、援助を供与されることによって成り立っている経済であった。主体思想の看板とは裏腹に、「〝被〟援助大国」ともいえるような現実のうえに築かれていたのである。

そのため国際情勢の変化によって援助が減少した場合は、経済建設はまたたく間に停滞してしまう。すでに七ヵ年計画の時代（六一―六七［七〇］年）には、ソ連の援助の減少によって計画を延長せざるをえないという事態が生じた。援助なしでは立ちゆかない脆い経済体系となっていたのである。

援助に依存する経済構造は、経済成長の持続が発表されていた七〇―八〇年代も、結局改善されることがなかった。このためソ連の崩壊によって援助が激減したこととあわせて、中国が改革開放政策以後、とくに九〇年代以降の政策の変更によって援助を減少させたことから、北朝鮮の経済の困窮度は一層深刻になったのであった。

さらに九五年の水害以降、自然災害による一層の食糧危機を迎えてからは、西側諸国に対しても援助を要請し、しかもなお援助の受け入れが体制を揺るがすかもしれないとの猜疑心も捨てきれないでいるのである。

第二章　北朝鮮の経済「改革」は成功するか

——中国・ベトナムとの比較

朝中国境に面する恵山で、市場で米を売る人々を隠し撮りしたビデオ映像（2003年9月　ロイター・サン）

1. 改革の始まりか

経済管理改善措置

二〇〇二年七月一日、北朝鮮政府は新たな経済政策「経済管理改善措置」（以下「措置」と呼ぶ）の開始を宣言した。

その内容は、実利主義（資金や物資などの投入に見合った生産を行っているか）の採用をうたい、価格・賃金の大幅引上げ、配給制度の見直し、外貨兌換《だかん》券の廃止とウォンの切下げ、賃金への成果主義の導入、企業の自主権の拡大などを具体的な柱とするものである。中心は価格体系の改定であるといってよいだろう。

価格の改定と賃金の引上げについて、具体的に見てみよう。

まず、生活の基礎となる食糧であるが、コメはそれまでキロ当たり〇・六ウォンで農民から買い付け、〇・〇八ウォンで販売していたために逆ざやになっていたものを、農民から四〇ウォンで購入し、四四ウォンで販売することになった。これまでの五五〇倍ということになる。

また、家賃や水道代など基本的な生活費に関しても、これまで無料、あるいはタダ同然であったものに相応の費用を支払わなければならなくなった。市内バスの運賃は二〇倍の二ウォンに、住宅使用料は六〇平方メートルの場合が一ヵ月で七八ウォンに、暖房使用料も一ヵ月一七五ウォンと設定された。エネルギーや原材料、輸入品の価格についてはさらに高い倍率が設定されている。石炭は四四倍、電力は六〇倍という具合である[1]。

一方、給与は、炭鉱労働者の場合三〇倍、公務員では一七〜二〇倍に引き上げられた。重労働者には厚く、非生産部門での賃上げは少なくなっている。また賃金に成果主義を導入することが奨励されている。

また為替については、これまで一ドル=二・一五ウォンという非現実的な設定であったものが、実勢に近い一五〇ウォンに切り下げられた。ただし、当時すでに実勢で二〇〇〜二五〇ウォンであったことを考えると、切下げ幅は不十分であった。また外貨兌換券は廃止された。

この「措置」は、〇一年一〇月に行われた金正日の講話に基づくといわれている[2]。講話のなかで金正日は、現在の北朝鮮の経済的困難について「世界の社会主義市場が崩れ、帝国主義者たちの孤立圧殺策動がひどく、連続した自然災害まで加わったことと関連している」と、まず外部的な原因をあげながらも、これらに加えて、経済部門の指導者たちが経済をきちんと管理できず「社会主義経済の管理システムと秩序がスムーズに動かなくなってしまった」と、経済の管理運営に問題があったことを認めている。

金正日はこうした認識に立って「変化した環境と現実的条件……に合わせ経済管理を革命的に改善し、完成させていかなくてはならない」と、経済管理の「改善」を提起する。続けて語られたその内容は、翌年から始まる「措置」を理解するうえで重要である。

「社会主義原則を確固として守りながら、最も大きな実利を得ることのできる経済管理方法を解決する」「地方産業工場で生産する消費商品の価格と規格のようなものは……上級機関の監督のもとで工場自体で決めて、生産も販売もするようにした方が良い」「社会主義物資交流市場を組織、運営すれば、工場、企業所の間で余裕があったり、不足した一部原料、資材、付属品のようなものをお互いに解決できる」などの政策を金正日は提起している。

成果主義の導入に関しては「平均主義を徹底的になくすることが重要だ。平均主義は仕事をよくやる人間にとっても、ごろついている人間にとってもよくない影響を与え」るとして、「作業班や分組、各勤労者に作業の課題を明確に与え、その遂行結果に従って、働いただけ、稼いだだけ、労働報酬と分配の分け前が正確に行われるようしなければならない」と語っている。

また配給制度や価格体系についても「経済生活でタダが多いが、こうしたことも整理しなければならない」「今後、食糧と消費商品問題が解決すれば、勤労者たちが自らの収入で食糧も適切な価格で買い、住宅も買って使ったり、適切な使用料を払って使うようにしなくてはならない」「商品価格を正しく決め、これを基準に、ほかの商品価格と生活費を全般的に直し、決定しなければならない」としている。今回の「措置」で着手された配給の見直しや価格の改定がここですでに示唆されている。

誤解のないように強調しておくならば、今回北朝鮮で行われたのはあくまで価格の改定であり、価格の自由化ではない。

第一章でも述べたように、一九七〇年代から悪化していた北朝鮮経済は、九〇年代以降、ソ連の崩壊や中国の変貌によってさらに打撃を受け、そして九五年、九六年の大水害によって食糧が決定的に不足するに至った。またエネルギーや原材料の不足によって工場の稼動率が二〇〜三〇パーセントにまで落ち込む状況となった。配給制度も破綻し、かわって闇市場が拡大したのであった。

闇市場が拡大したのは、公定価格が「チャンマダン」と呼ばれる非公認の闇市場での価格よりも低かったからであり、流通を闇から「表の市場」に引き戻すことが、価格改定の第一の狙いであった。闇価格が跋扈《ばっこ》していたために意味をなさなかった公定価格を引き上げて、実際の価格にあわせたわけである。

中国式でもベトナム式でもない

北朝鮮はさらに、この「措置」に並行して、すでに一九九一年に「自由経済貿易地帯」の建設が始められた羅先《ラソン》（かつての羅津《ラジン》・先鋒《ソンボン》）に加え、二〇〇二年九月に朝中国境に近い新義州《シニジュ》を「特別行政区」に指定、同年一一月には、一九九八年から韓国人観光客を受け入れていた金剛山《クムガンサン》地域を「観光地区」とする政令を、また韓国に近い南部の都市開城《ケソン》を「工業地区」とする政令を発表するなど、外資導入を目的とした地域の整備を相次いで発表した。

北朝鮮が現在すすめているこうした経済政策を、どう見るべきなのか。「中国の経済開放の初期に似ている」と評した韓国の林東源《イムドンウォン》大統領特別補佐役（二〇〇二年当時）のように、これを中国のような改革開放路線の始まりと受け取る向きも少なくない。

しかし金正日自身はこれを否定している。前述した講話のなかで金正日は「社会主義経済の優越性に対する信念が確固とできないなら一時的な経済的難関の前でも動揺し……帝国主義者たちが騒いでいる『改革』『開放』に混同され」ると、これが「改革」や「開放」ではないことを強調しているのである。

北朝鮮は社会主義建設もウリ（我々）式ですすめると称してきたが、金正日はこの「措置」についても、中国式でもベトナム式でもない「ウリ式」ですすめると語っているようである。(3)

中国とベトナムは、北朝鮮と同じくアジアの社会主義国であるが、一九七〇―八〇年代に改革開放の道を選択し、周知のような成果を収めてきた。

そこで本章では、このふたつの国の経験と比較することで、北朝鮮が現在すすめている経済政策の意義を、様々な角度から検証してみたい。なおその際、「経済管理改善措置」や経済特区の設置など、北朝鮮が「改革ではない」としつつすすめている近年の経済政策について、中越両国の改革と比較するうえで必要な場合は、便宜上「改革」と表記することとする。

2. 改革の前提条件と順序

〈図表5〉は朝・中・ベトナムの経済改革についてポイントをまとめたものである。

中国では改革開放政策が始まってから四半世紀余がすぎ、ベトナムでもドイモイ（刷新）と呼ばれる改革の開始から二〇年近く経過していることから、現在では改革は各々「進（深）化」をとげている。中越両国の各部門における改革の初期の段階と、北朝鮮の現在の改革を比較することで、北朝鮮がすすめている「改革」の性格を浮き彫りにしてみよう。ただし、北朝鮮の「改革」の内容にあわせ、中越両国の「進（深）化」した改革との比較も適宜行う。[4]

政権の継続性

北朝鮮はなぜこの時期に「改革」を始めたのか。いうまでもなく経済が危機的状況に陥って

〈図表5〉北朝鮮と中国・ベトナムの経済改革の比較

	北朝鮮	中　国	ベトナム
前提条件	中ソからの援助の減少、経済の悪化、金正日体制の確立(?)	文革の終焉、鄧小平の登場(1977年復活)	南部の急速な社会主義化(生産停滞)→市場経済化→保守派の抵抗→ソ連援助の減少
改革の手法	?	漸進的	漸進的、89年にはショック療法
改革の順序	価格改革から(2002年)	農業→工業→金融→労働	農業・工業→市場経済化(価格改革など)
農　業	分組制(97年)	請負制、買上げ価格引上げ(70年代末)	80年新請負制、しかし南部では集団化→生産停滞→88年請負制(個人農も)
工　業	中央集権(?)	工業部門の改革開始(84年)	企業に生産計画立案、財政自主権拡大(87年)
外資導入	合営法(84年)	合資法(79年)	外資導入法(77年)
対外貿易	対ドルレート引下げ(02年)	地方・部門に貿易自主権(79年から漸次)	為替レートの一本化(89年)
金融・財政	?	利改税(所得税)、銀行融資開始(84年)、分税制(94年)	税制改革(91年)

筆者作成。ベトナムに関しては大泉啓一郎「ベトナム」(原洋之介編『アジア経済論』)を参考。

いるからである。

一九九〇年代に入ってから、北朝鮮は外部に原因があるとしながらも、経済の悪化を率直に認めるようになった。しかし実際には九〇年代以前より北朝鮮経済の悪化は始まっていたのである。

第一章で見てきたように、金日成時代の北朝鮮経済は、社会主義ゆえの困難さに加え、国防重視から生じる経済への圧迫、建国直後からの中ソの援助への依存、くり返し行われる無理な繰上げ・超過達成運動などの問題をはらんでいた。その結果、長期計画を延長せざるをえないこともあった。

ここで問題にしたいのは、金正日政権が、金日成政権の路線を継承しているのか、それともそこからの転換をはかり独自の路線を選択することができるのか、ということである。もし金正日政権が、金日成政権の単なる延長線上にあるのであれば、金日成時代を否定するような改革を行うことはできず、小手先の変更にとどまるしかないだろう。もっとも、金日成時代にも経済運営は金正日が担当していたとも伝えられている。また軍事優先路線も金日成時代とあまり変化ないように見受けられる。

生前の金日成が、金正日に「何かあった場合には自分を否定してもよい」という遺言を残したという話もあるが、仮にこれが事実だったとしても、それが国民に知らされなければ、何の意味もない。国民は、世の中が変わったことが保証されなければ、思い切った経済活動に乗り出すことはできないからだ。

前述したように、二〇〇一年一〇月の講話でも金正日は「改革」や「開放」を明確に否定している。金正日が二〇〇〇年に訪中した際にも、中国の改革開放政策を称賛したと中国側では報道されていたが、北朝鮮国内では「改革開放政策は、社会主義の安定を損なう『トロイの木馬』だ」と報道されたのであった。(5) 北朝鮮はあくまでも改革開放には及び腰なのである。

一方の中国の場合、改革開放政策は、文化大革命の終了と江青ら四人組の逮捕を受けて、文革時代の否定から始まったのであった。一〇年にわたる政治闘争に倦《う》み疲れた人々にとって、暮らしが豊かになるという改革は、大いに歓迎された。

改革開放政策の最高指導者であった鄧小平は、大躍進後の一九六二年に「白猫でも黒猫でも、ネズミをとるのがよい猫だ」と語り、生産の発展に役立つ方法を評価したプラグマティストであり、改革開放経済への参加を人々に向けて積極的に呼びかけた。

また中国では、まず農業部門の改革から着手され、これにより食糧生産が大幅に増加した。食べ物が豊富になることで、人々は豊かな時代の到来を肌で感じることができたのであった。

ベトナムでは、七六年の南北統一国家の成立後に南部の社会主義化を急ぎすぎたこと、および七八年のベトナムのカンボジア侵攻に抗議して西側諸国が援助を凍結したこと、さらにカンボジアのポル・ポト派を支持する中国からの援助もなくなったことから、生産が停滞した。

そのため八〇年には、余剰農産物の販売の部分的自由化や、商業などの個人経営を許可するなどの新経済政策（ネップ）を行うことになった。これに対しては保守派の激しい抵抗もあった。

ところがその後、八五年にソ連でゴルバチョフ政権が誕生すると、対外援助政策の見直しによって、ベトナムへの援助も減少してしまう。国家予算の半分をソ連からの援助に頼っていたベトナムも、ついには財政面で自立せざるをえなくなり、ドイモイ路線がとられることになったのである。それとともに民族独立運動で活躍した古参の政治指導者が一線を退き、指導者の若返りがはかられた。世代交代が行われたのである。

このように、中国・ベトナムともに政権の交代があり、それ以前の路線を否定することから改革が始まったことがわかる。これに対し、金正日政権は前政権を否定していない。それどころか、依然として金日成は崇拝すべき対象のままである。これでは前政権を否定するような徹底的な改革は、望むべくもないだろう。

農業から始まった中国・ベトナムの改革

資本主義経済、社会主義経済の別なく、改革を行う際には、どの分野から着手するかという順序（sequence）が、成否の大きな鍵となる。中国、ベトナムともに農業部門から改革が始まっているのは偶然ではあるまい。両国とも農業人口が多かったことにもよるが、人々の「食の問題」を保証することがまずなによりも大事だったからである。それとともに、当時の両国のような発展途上国では、農産物を原料とする軽工業が重要な地位を占めることが多く、民生部門の工業産品や競争力のある輸出産品を生産するためには、農業の回復が不可欠であった。

中国・ベトナムとも、計画経済の時代には国家の威信を高めるために重工業が優先され、軽工業は軽視されていた。しかし改革政策が始まると、消費財を中心とする軽工業生産が重視されるようになった。

これは「豊かな生活」を実現するためには消費財を増産することが必要であり、そのために重工業偏重路線を変更せざるをえなかったというのが第一の理由である。しかしそれと同時に、資金規模の小さい企業、中国でいえば郷鎮《ごうちん》企業（末端行政組織や農民が所有・経営する企業）、ベトナムでは私営セクターの軽工業を中心とした発展が、改革の牽引《けんいん》力となったのである。

ところが北朝鮮では、食糧の配給制度に手をつけることができないほどに農業生産が悪化しているなかで、まずはじめに価格の改定が行われた。

各工場が自主的に価格決定をできるというのは、一見市場経済を導入した合理的判断のように見えるが、現状の北朝鮮のようにモノ不足のままで価格を大幅に引き上げたならば、当局の意図を超えた大幅な値上がりは避けられない。庶民にとっては、「豊か」になる実感がないままに価格だけがつりあがるという生活感覚になるだろう。実際、「経済管理改善措置」以降、ハイパー・インフレが起こっていることが伝えられている。

「先軍政治」のスローガンのもと、いまだに軍需産業優先路線が維持され、消費財生産は回復の兆しすらない。このように、農業においても工業においても、生産の回復をはからないまま価格改革を先行させるなど、北朝鮮の「改革」はまったく順序を無視しているというほかない。

それでは、中国やベトナムでは価格改革はどのようにすすめられていったのか。

3. 価格改革

インフレを招いた中国の価格改革

社会主義国では、価格統制が行われていることから目に見える形でのインフレは起こらない場合が多い。しかしモノ不足の状態では「隠れたインフレ」が存在し、またモノ不足の慢性化が地下経済を生み出す。さらに、モノ不足のために社会主義国では「行列」が多くなり、価格を抑制するために政府が行う財政補塡《ほてん》は、往々にして財政悪化をもたらす。

中国やベトナムでは、市場経済が少しずつ導入され、また世界市場との連繋が拡大するなかで、価格体系の変更が迫られるようになった。

中国では一九五〇年代以降小幅な価格改定しか行われておらず、小売物価指数が大きく上昇したのは、大躍進政策が失敗した後の六一年の一六・二パーセントだけであり、六三年から七二年までは（六八年を除いて）むしろ下がっていた。[6] それ以降も改革開放政策が開始される七〇年代末まで、物価上昇の範囲は小数点以下にすぎなかった。

その中国でも、改革開放がある程度すすんできた八〇年代なかばには、次第に価格改革を迫られるようになった。

改革開始直後には、請負制の導入とともに、農産物の大幅な価格引上げによって、穀物などの増産をはかったが、価格インセンティブが予想以上に働き、大増産になった。このため、買上げ価格に比べ販売価格の引上げ幅が小さかったことから財政補塡が増加し、これにより財政赤字が増加した。八五年以降、基本的な物資である食糧も市場で売られるようになったが、このことは農業部門での価格統制が一部緩和されることを意味していた。

八四年からは工業部門の改革も本格化したが、農業と同じく、価格改革は避けて通れない問題となった。とくに問題であったのは、①商品間の価格比が不合理で、とくに原材料やエネルギーの価格が低すぎたこと、②品質差が価格に反映されていないこと、③第三次産業の価格が安すぎたこと、であった[7]。

ところが価格の自由化がすすめられていくなかで、八八年、八九年には二桁の物価上昇を記録した。また、二重価格や品薄状態といった状況のなかで、官僚ブローカーが幅を利かせるようになり、価格差を利用して金儲けに走った。これへの人々の不満が、八九年の天安門事件（六・四事件）を引き起こす原因のひとつとなった。

社会的な混乱のなかで価格改革はいったん中断されるが、九〇年代に入ると再開され、漸進的にすすめられていった。それでも九二年以降、金融政策の失敗とあいまって、インフレが昂進。サービス部門の価格も含めた消費者物価は九三年一四・七パーセント、九四年二四・一パーセントの上昇をみせたが、九三年なかば以降になって、逐次公定歩合を引き上げたり、不正融資の回収をはかるなどして、ようやく九六年には八・三パーセントと一桁台にまで引き下げることに成功した。(8) しかしその後も金融引締め政策が続いたことから、九八年以降は今度はデフレ傾向が続くこととなった。

外圧によってインフレを抑えたベトナム

ベトナムでは、一九八〇年代のはじめ国営セクターの物資と商品は自由市場よりもはるかに安い価格で売買されていた。そのため国家の補塡は増え続け、それによって国家予算の赤字も増大していった。(9) さらにこうした二重価格は地下経済の温床になり、闇商人を生み出していくことになった。

一方で八一年以来、ソ連を中心とした社会主義経済機構であるコメコン(経済相互援助会議)加盟諸国との取引価格が、優遇価格から世界市場に連動したものへと移行したことによって、補助金は廃止されることになった。

八一年以降何度か価格と賃金の調整が行われ、八四年末には、政府は五〜七倍という大幅な価格調整を行った。ところがこれは、市場価格の高騰と実質賃金の下落という状況を招いてしまう。このため翌年六月には「価格と賃金の凍結」が決定された。しかし「通貨発行における凍結」を行わなかったことから、通貨供給量は増加、インフレが進行した。一方で貸付けはインフレ率に比べてはるかに低い利率で続けられたため、多くの企業が銀行から借入れを行い、資材や商品を買い占め、利ざやを稼いだのであった。

こうした状況のなかでインフレはますます進行、八五年末の物価上昇率は九一・六パーセント、八六年末には実に四八七・六パーセント、八七年末三〇一・三パーセント、八八年末三一〇・九パーセントに達した。このため八九年に入ってＩＭＦ（国際通貨基金）や世界銀行の勧告を受け入れ、価格統制の全面廃止、為替レートの一本化、補助金の削減、高金利の導入など「ショック療法」ともいえる急進的な経済の自由化がすすめられた[10]。

この政策は劇的な効果をあげ、インフレ率は八九年には三五パーセントに、九〇年一月には二・九パーセントにまで下がったのであった。

ハイパー・インフレを招くきっかけとなった、闇市場の価格を表の価格にしてそれにともなって賃金を引き上げるというベトナムの手法は、北朝鮮で行われた「改革」と似ている。しかしベトナムでは、ＩＭＦや世銀という外圧も交えた厳しい管理のもと、インフレを統制することができたのであった。

なにより北朝鮮と異なっているのは、ベトナムでも「不足の経済」の状態ではあったものの、食糧（コメ）は自給できており（八九年からはコメの輸出国にさえなった）、貧しいことは貧しかったが、「食べる」ことに事欠くという生死にかかわる状況にまで追い込まれていなかったことである。

その点、その気になれば紙幣をいくらでも印刷し続けることができ（つまり誰も管理していない）、さらに「飢え」の問題にさらされるほどの貧困状態にある北朝鮮では、ハイパー・インフレが起こらないという保証も、起こった後にそれを収束させる手段もないということになる。

4. 農業部門の改革

中越――請負制の導入

中国で一九五八年から始まった人民公社は、土地や農具を共有とし、作業も共同で行う農業の集団化であった。ソ連でもソホーズ、コルホーズによる農業集団化が行われている。集団化することで、公社で大型の農具や工場を所有することができ、灌漑《かんがい》工事など地域全体の改善も共同で行えるなど、利点もあった。しかし、「働いても働かなくても同じ」という平均主義は農民の意欲をそぐことになった。

中国での農業部門の改革は、それまでの人民公社による集団農業から、各農家が戸別に生産を請け負う「農業生産責任制（請負制）」へと転換することから始まった。この方式は七七年より四川省や安徽省で始められ、またたく間に全国に拡大した。

さらにそれまで農産物は安く買い上げられていたが、農民のやる気を刺激するために価格も引き上げられた。たとえば穀物では平均二〇パーセント引き上げられ、計画超過買付け分については、さらに五〇パーセントが上乗せされた。

集団農業から個人、あるいは家庭単位による農作業への回帰は、価格政策とあいまって、広く農民に支持され、八二年には人民公社は憲法改正によって正式に廃止された。

文革が終わった七六年には二・九億トン弱にすぎなかった食糧生産量は、八四年には四億トンを突破した。人口の増加もあり、一人当たり生産量で見た場合、文革開始時の六六年の二八七キロから文革終了翌年の七七年でも二九八キロにすぎなかったのに対し、八四年には三九〇キロにまで増加した[11]。

このように請負制の導入と買付け価格の引上げの効果は大きかったが、政府にとっては逆ざやの負担が大きくなり、食糧生産の急速な拡大を受けて、八五年からは食糧も自由市場で販売できるようにしたのである。ただし過渡的には、超過買付け分の恩恵がなくなり、農民にとっては不利な価格体系になったことから、その後の数年間は食糧生産が伸び悩んだ。

また請負期間は当初三〜五年であったが、期間が短いと収奪農業になりがちであることから、八四年には一五年に延長され、さらに九三年には三〇年にまで延長された。

ベトナムにおいても、農業部門では、ドイモイ政策がとられる以前の八〇年に改革が開始された。請負制が導入され、食糧供出ノルマの五年間据置き政策がとられ、さらに八一年には農産物買上げ価格の大幅引上げも行われた[12]。

北朝鮮——改革以前の問題

北朝鮮の食糧生産は、一九九五年、九六年の大洪水によって壊滅的な被害を受けたが、それ以前の八〇年代から「一日二食」運動をしなくてはならないほど食糧事情は悪化していた。

その背景としては、①無理な密植のために地力が低下したこと、②山の斜面を有効利用しようとした「全国土の棚田化」により山林が伐採されたために、土地の保水力がなくなり鉄砲水や山崩れが起こりやすくなっていたこと、③燃料不足から農業機械を動かすことができないこと、④工場の稼動率が低下するにつれて、化学肥料や農薬の生産もできず適切な施肥ができない、などの状況があった。

このような状況を打破すべく、九六年には「協同農場分組管理制運営改善措置」が公布され、翌年より実施されることになった[13]。

これは、協同農場の作業班の下に置かれた「分組」を七〜八戸単位として、計画以上の収穫を達成した「分組」は、超過分を自由に処分することができるという制度である。ただし中国の経済改革のなかで行われたものとは比べようもないほど自由度は低く、請負制とはまったく異なるものであった。

現在の北朝鮮では、優良種子や化学肥料も入手できず、農業機械もない。たとえ機械があったとしても、それを動かす燃料もない。物的インセンティブすら与えられない状況であり、生産単位を相対的に小さくしたとしても、それだけで農業生産の拡大をはかることは難しい。

5. 工業部門の改革

中国——効率の悪い国有企業

改革開放前の一九七八年には、中国の工業総生産額に占める国有企業（当時の呼び方は全民所有制企業）による生産量の割合は七七・六パーセントであり、工業部門の改革とは国有企業の改革にほかならなかった。

中国においては第3節でも述べたように価格体系に歪みがあり、企業努力が業績に結びつかない場合が多かった。たとえば石炭採掘業では、定められた石炭価格が低かったために掘れば掘るほど赤字となった。

さらに社会主義国には失業がないという建前のもと、国有企業は労働力の受け皿の役割を担わされ、余剰人員を多く抱えていた。

とくに文化大革命のさなかに都市から農村に強制的に移住させられていた（いわゆる「下放」）青年の大部分が、文革が終わった七〇年代後半に大量に都市に戻ってきた。これらの青年たちの仕事を確保するために、それまで「資本主義のシッポ」と批判されていた私営企業も復活させざるをえなかったほどである。しかし当時の私営企業の雇用吸収力は小さく、青年たちの多くは国有企業で勤務することになり、国有企業は一層の余剰人員を抱えることになった。

改革以前の国有企業は、利潤を国家に上納し、必要な資金は国家に供与してもらうという利潤上納制度のもとで運営されていた。また赤字が出ても国家が補塡してくれるという「親方日の丸」的な体質があり、その経営効率はきわめて悪かった。

八四年に中国政府は利潤上納制度を廃止、所得税（法人税）を課す制度（利改税）に転換した。それにともなって必要な資金は各企業が銀行融資でまかなうことになった。しかし銀行は、企業の業績を審査して融資を決定するという自らの役割を十分に認識しておらず、行政部門に言われるままに融資するただの「金庫番」であった。また企業の側も国家に依存する体質から抜けきれず、借りたものを「返済」しなくてはならないという認識に欠けていたことから、今日まで続いている不良債権問題の原因をつくることとなった。

余剰人員対策としては、八〇年代なかばから、それまでの終身雇用にかわって「労働契約制」が取り入れられ、同時に社会的セーフティー・ネットの一環として、養老保険（年金）、失業保険、疾病保険などが導入されるようになった（ただし膨大な人口を擁する農村ではこうした社会的なセーフティー・ネットは実施されていない）。

しかし古くからの工業基地である東北地方などでは、労働者の高齢化がすすみ、離職者（四九年以前に入党した共産党員で定年退職した者。年金などで優遇されている）や退職者の人数も多いため、養老保険のための積立金が賃金の三一・五パーセントに達する[14]など、ただでさえ苦しい企業経営を圧迫している状況だ（たとえば、広東省珠海の場合は一五パーセント）。

国有企業改革をすすめ、効率化をはかろうとすれば、余剰人員を吐き出さざるをえず、その結果失業者が大量に生まれ、社会不安を醸成することになる。二〇〇二年三月には遼寧省で三万人を超す一時帰休者らのデモが起こるなど、職を求めての示威運動が東北地方で多発した。

国有企業改革が進展し、株式上場企業や民営化される企業が増加すれば、他方で失業者が増加するというジレンマに中国は陥っている。しかし、〇一年にＷＴＯ（世界貿易機関）に加盟し「大競争」の時代に入った中国にとって、国有企業改革は待ったなしの状況となり、改革は本格化しているが、一方で一時帰休者も含めた実質的な失業者がこれまで以上に増加している。

このように、中国では国有企業改革は期待どおりには進展していない。

対照的に力を発揮してきているのが、郷鎮企業や外資系企業である。郷鎮企業とは、村などの末端行政組織や農民が共同で出資して設立、共同所有（公有）するもので、その限りでは「私有」ではないが、公的な援助を受けているわけではなく、各企業の経営者はその才覚によって経営しなくてはならず倒産や閉鎖も多い。その意味では限りなく私企業に近い（一九八五年からは個人所有の企業も郷鎮企業に含められるようになった）。

中国の工業総生産額は、七八年の四二三七億元から二〇〇三年には（販売収入五〇〇万元以上の企業のみで）一四兆二二七一億元（いずれも名目値）に増加しており、工業そのものは順調に発展しているといってよいが、工業生産全体に占める国有企業の割合は、一三パーセントにまで下がっている。改革開放以降の中国経済の驚異的な発展を担ったのは、改革に苦しむ国有企業ではなく、郷鎮企業や外資系企業など、社会主義計画経済の領域外に広がった「新たな領域」だったのである。

改革に逆行する北朝鮮の工業

二〇〇二年の「経済管理改善措置」発表に至る数年間、北朝鮮の工業政策はジグザグの道をたどってきた。そのなかでは自由化とは逆行する動きを見せることもあった。
一九九九年末から北朝鮮の代表的な大規模工場・企業所につけられていた「連合企業所」「総合企業所」「総合工場」の呼称が「工場」や「製鉄所」などに改称され始め、また内閣直属の「総局」の名称が「管理局」に改称される動きも始まった。ラヂオプレスの鈴木典幸は「『連合企業所』を単なる『企業』に降格した意図は、企業コンプレクス（連合体）の独立王国化を戒めて自主権を制限し、中央管理をしやすくするところにあるのではないだろうか」と指摘している。[15]
だが、二〇〇〇年後半から、解散した連合企業所が再結成され「連合会社」と呼ばれるようになった。アジア経済研究所の中川雅彦はこれについて、国家計画委員会から企業が直接的に生産目標を与えられ、財政省が連合会社の収益金から国庫への上納金を徴収するという仕組みがここで確立されたのではと推定している。[16]
いずれにしろ、企業の自主権の確立とはほど遠い変更である。
〇二年七月に明らかにされた「措置」は企業の独立採算制の強化をうたっていた。その内容としては、軍需産業以外の工場に製品の価格決定権も含めた一定の自主権を与え、原資材や部品の相互融通を行う「原材料市場」を限定的に認めることなどがあげられている。これについては、国家が原材料の分配を行えないので、「自ら調達する」システムを作ろうとしたと勘ぐることもできる。

だが現在のように原材料やエネルギーがあまりにも不足しているなかでは、こうしたインセンティブ・システムは機能しない。「措置」開始の一ヵ月後に脱北したある労働者は「私の工場では電気が来るのが週四日だけ。それも一日二時間というマヒ状態は変わらなかった。電力、資材問題が解決されなければ、改革措置が成功するわけはない」と語っている[17]。

「労働に応じた分配」として導入された賃金の成果主義についてもふれておけば、管理部門（ホワイトカラー）での評価は難しく、結局一律に奨励金を濫発するということになりがちである。中国の企業改革ではそのような例が多く見られる。しかし、北朝鮮のケースのように仕事そのものがなければ、成果もないことは言うまでもない。北朝鮮では、勤務先で仕事のない「過剰労働力」は、全労働者の三〜五割に達するという[18]。

6. 外資導入政策——全面的開放に踏み切れない北朝鮮

ベトナムの外資導入法

中国、ベトナム、北朝鮮の三ヵ国のなかで、外資導入法をもっとも早く制定したのはベトナムであった[19]。長い戦いの末、米国に勝利して南北ベトナムを統一したベトナム戦争の終結から二年後の一九七七年のことだった。これは中国より二年早く、また北朝鮮より七年早い制定である。ベトナムが外資導入を決定した背景には、ベトナム沖に眠っている油田の開発のためには、海外の技術や資金が必要不可欠であったこと、および外貨獲得のために輸出産業育成が急務であったことがあげられる。

しかしこのときの外資導入法では、①所得税率が、輸出産業では三〇パーセント、先進技術や大規模投資で四〇パーセント、そのほかの業種への投資では五〇パーセントと、非常に高く設定されていたこと、②合弁期間が一〇―一五年と限定されていたこと、さらに③合弁企業の国有化の可能性を思わせる条項があるなど、全体的には外資導入にはまだ及び腰であったことがうかがわれる。

またその後の中国の合資法や北朝鮮の合営法とは異なり、外資側の出資比率を三〇パーセント以上四九パーセント以下に限定していた。もっとも外資側にマジョリティを握られないようにする点は、当時の発展途上国の合弁法に多く見られた。

また、この法律はきわめて簡略なもので、その運用は行政当局の裁量に委ねられることが多かった。この点、中国が七九年に制定した合資法でも一五条と非常に簡単であったことから、交渉の途中でしばしば内部規定を楯に中国側から条件の変更が求められたり、許認可が得られなかったり、と似たような事態が生じている。

七七年に制定されたこの外資導入法は、外資側にとって魅力に乏しかったことから、ベトナムでは八七年一二月に新しい外資導入法を制定、八八年一月より実施された。さらに同年九月には施行細則を発表した(外資導入法はさらに二〇〇〇年にも改定されている)。

朝中合弁法の類似点・相違点

中国でも、一九七九年に合資法が制定された直後は、文化大革命が終了して間もない中国に資本ばかりでなく資本主義社会の制度も導入することになる外資導入は「木に竹を接ぐ」ようなものであり、うまくいかないのではという各国の懸念があった。このため中国の期待とは裏腹に、西側資本の対中進出は当初あまりすすまなかった。

ようやく外資導入が本格化したのは、八三年に合資法の実施細則が制定され、八四年に沿海一四都市の対外開放が決定され、さらにプラザ合意によってドル安(円高)がすすんだ八五年以降のことであった。

しかし西側の資本が中国進出を躊躇《ちゅうちょ》していた八五年以前でも、香港や東南アジアの華僑・華人資本は中国へ投資を行っていた。これにより中国は、資本主義の商習慣を学習する機会を得ることができた。また香港や華僑・華人資本のなかには、東南アジア諸国の経済の主翼を担うほど豊かな資金力を誇る企業もあり、実質的な面でも中国経済の発展に役立っていた。

中国と地縁・血縁関係がある香港や華僑・華人企業もあり、西側資本がそれら企業と組んで中国に投資をすると比較的スムーズに交渉がすすむ場合もあった。香港や華僑・華人資本は直接的、間接的に中国への投資環境を整備してきたことになる。

北朝鮮は八四年に直接投資の導入に関する合営法を制定している。プラザ合意の一年前であり、タイミングとしては絶好の時期であったにもかかわらず、外資が北朝鮮経済に大きな影響を与える規模になることはなかった。

北朝鮮も海外僑胞《きょうほう》の投資を呼びかけている。対朝投資が少ないなかで多数を占めているのは在日朝鮮人系の会社である。日朝貿易の内実が在日朝鮮人系の会社と北朝鮮との貿易であることから「朝朝貿易」であるといわれているのをもじれば、北朝鮮の合弁の多くは「朝朝合弁」なのである。だがその資金力や人的ネットワークの広がりについては、華僑・華人資本には遠く及ばない。

北朝鮮自身は否定しているが、合営法制定の前年である八三年に金正日が訪中し、深圳などを訪問したことも合営法制定に影響を与えたことは想像に難くない。また八三年四月から七月の間には北朝鮮の二三の代表団が中国の経済特区を視察し、八四年八月には姜成山首相も上海を視察した。[20]

そのため北朝鮮の合営法と中国の合資法とは多くの点で類似性があり、また所得税率などは、わずかではあるが、中国より北朝鮮のほうが外資に有利な設定となっている。中国はその後、法改正をすすめているので、ここでは両国のごく初期の法規を比較してみよう。

類似点は以下のとおり。①どちらも外資の割合として最低比率のみを定めており、一〇〇パーセント外資を認めている、②製品の輸出の義務付け、③中国が香港・マカオ同胞の投資を奨励しているのと同様、北朝鮮も海外在住の朝鮮同胞の投資を奨励、④存続期間の明記。

一方、北朝鮮が中国より有利な設定をした点は以下のとおり。①北朝鮮の「自由経済貿易地帯」では所得税率を一四パーセントに設定しているのに対して、中国の経済特区では一五パーセント。②一般地域の所得税率は二五パーセントで、中国より五ポイント低い。インフラの開発や科学研究および技術開発などでは一〇パーセントとさらに低く設定されているが、中国の関連法規には同様の規定はない。

ただし中国の経済特区では、「四通一平」といって初期段階から電気・水道・ガス・通信施設が整えられ、土地整備がすんだ状態で外資を呼び込んでいたのに対し、ごく初歩的なインフラすらない北朝鮮ではその整備も外資頼みとなることを考えると、こうした税制面での「優遇」が進出企業にとって魅力となるのかどうかは疑問ではある。

③免税期間は中国二年に対し北朝鮮は三年。その後の半額免除の期間は中国三年に対し、北朝鮮は二年。なお中国では「利益があがってから」免税期間が始まるため、「利益があがらな

い」として何年も課税を免れる悪質な税金逃れが問題になっていた。北朝鮮では合営法を制定した八四年当初は「合弁を始めたときから三年」となっていたが、九三年に改定した法律では「利潤を生じた年から三年」となっている。ただし税金逃れを防ぐためか「合営法細則」九二条では「五年以上欠損が出た場合は期限前でも解散する」とされている。

なお八七年に改定されたベトナムの外国投資法では、所得税率は利益の一五〜二五パーセントと、七七年法に比べ、かなり安く設定されたが、石油などの貴重な資源に対してはこれより高く課税するとしている。また二〇〇〇年の改定法では一般の場合の投資で二五パーセントと定められており、北朝鮮と同じになった。さらに、製品の五〇パーセント超を輸出している場合や困難な地域への投資の場合は一五パーセント、インフラへの投資などは一〇パーセントと安く設定されている。

北朝鮮も中国も、外資導入政策が発表された当初は合弁企業に輸出義務が課せられるなど、外貨獲得を主眼としていた。つまり自国内の労働力を使った委託加工型の外資導入が主となっていた。しかし中国では所得水準が向上し、また国内で販売して入手した人民元を外貨調節センターで外貨と交換することができるようになったことから、次第に国内市場をターゲットとした直接投資が行われるようになった。

この動向は中国のＷＴＯ加盟後一層加速している。流通や金融といったサービス産業への開放も本格化しているからである。「一三億の市場」はバラ色の幻にすぎないとしても、一三億の人口の五パーセントでも購買層になれば、欧州の一ヵ国の人口に相当する大きな市場となる。

この点、北朝鮮もベトナムも国内市場があまり大きくないことから、依然として委託加工型が主流にならざるをえないであろう。とくに北朝鮮は人口の規模が小さいのみならず、一般の人々の可処分所得の低さから、現状では国内市場をターゲットとすることは無理である。

また日欧米資本の目が中国に注がれる一方で、ベトナムへの投資は、ＮＩＥｓ（新興工業経済群）や小規模企業が多かった。そのため一九九七年のアジア経済危機以降、ベトナムへの投資は減少し、二〇〇〇年にはいったん回復したものの、〇二年には大型投資の減少により、件数では増加しつつも金額では減少した。

ちなみに北朝鮮への投資も、九七年の韓国での経済危機の影響を受けた。先述したように北朝鮮への投資では、日本の在日朝鮮人系企業や韓国の財閥を含む企業の占める割合が多かった。このため、韓国の一部財閥が経営危機に陥り、北朝鮮への投資を手控えたり、投資事業そのものがうまくいかなくなったのである。

韓国の財閥のなかで、もっとも対北朝鮮事業に力をいれていた現代《ヒョンデ》グループのなかの現代峨《ア》山《サン》が行っていた金剛山観光事業では、観光客数の伸び悩みと現代側の経営悪化によって、北朝鮮への支払い額を減額せざるをえなくなった[21]。

外資導入に対する考え方

北朝鮮の外資導入体制と、中国・ベトナムの外資導入体制がもっとも異なるところは、法律の条文ではなく、外資受け入れに対する姿勢の違いであろう。鄧小平は「窓を開けたならば、新鮮な空気とともにハエがはいってくるかもしれないが、それでもかまわない」と語ったと伝えられる。それほど中国は新鮮な空気（外資）がはいってくるのを歓迎したわけである。それに対し北朝鮮は一匹のハエ（西側の情報）でさえもはいってくるのを恐れているようである。情報統制を厳しく行ってきた北朝鮮では、一匹のハエに対する免疫力もないのであろうか。

さらに中国では経済改革と対外開放政策が同時並行的に行われたことで、大きな成果をあげることができた。もし対外開放なしに経済改革が行われていたならば、中国はしばしば発展途上国が陥る「資本不足」の状態になっていただろう。また経済改革がなかったならば、外資側は雇用や原材料調達の自由、貿易権の獲得、価格設定の自由などを獲得することはもちろんのこと、中国の国内市場にアクセスすることもできなかったであろうから、外資側にとっての中国の魅力は半減していただろう。

この点、北朝鮮では、資金や原材料の調達、製品価格の自主決定権、従業員の採用や解雇、さらには生産そのものも、果たしてどれだけ自由に行えるものか、保証は何もない。

周知のように、中国の対外開放政策は、まず沿海の諸都市を開放都市として、ほかの地域より優遇して対外開放をすすめてきた。北朝鮮もまた、一九九〇年代初頭から形のうえでは同様に外資を優遇する地域を設置してきた。

九一年に設立された「羅津・先鋒（現・羅先市）自由経済貿易地帯」を皮切りに、九八年より事業が開始され二〇〇二年一一月に「観光地区」とされた金剛山、同じく〇二年九月に「特別行政区」に指定された新義州、〇二年一一月以降、韓国と共同で建設がすすむ「開城工業地区」と、現在四つの「特区」が存在する。

中国であれ北朝鮮であれ、経済特区では、国内の一般の地域に比べ、外資導入について税制面などで優遇された条件となっており、輸出加工区（フリー・トレード・ゾーン）の役割を担っている。

ただし、中国の経済特区は、このほかに、経済改革の実験場としての役割も果たしてきた。中国の場合、国土が広大で条件も多様なので、新たな経済改革を行う際には、まず一部地域で「試点」という形で実験を行い、うまくいけば徐々にその適用範囲を拡大するという方法がとられる。終身雇用制から労働契約制への雇用体系の転換、あるいは株式制の導入や金融改革も、まず経済特区で実施され、その後全国に広められた。

最初の四ヵ所——深圳、珠海、厦門、汕頭——の経済特区は一九八〇年に設置された。これらは経済的な役割ばかりでなく資本主義の香港・マカオが、社会主義中国に返還されるときの緩衝地帯としての役割も担ってきた。深圳は香港に隣接する地域であり、珠海はマカオに隣接、厦門は台湾と海峡をはさんで向かい合っている。中央政府も経済特区建設に力をいれ、資金も多く注ぎ込んだ。そのため一時、経済特区は中央の「輸血」（資金援助）に依存しすぎているとの批判にさらされたほどである。

それに対して北朝鮮の経済特区は、社会主義経済のなかの資本主義の「飛び地」として構想されたものである。経済悪化のなかで、物資の供給を統制・集中しなければならなかったからであり、さらに一般の人々から隔離した形で外資導入をはかろうとしていたからである。北朝鮮の四つの経済特区——新義州、開城、金剛山、羅先（旧羅津・先鋒）——は、国土の「四隅」に設置されている。これでは、北朝鮮経済を回復させるような国内経済への影響力を期待するのは難しい。

もちろん、政治・外交面の不安定性をはじめとして、発電所や道路の建設まで外資が引き受けなければならないというエネルギー不足やインフラの未整備、政府の経営への干渉、市場経済の商習慣を知らない工場経営者たちが契約を守らないといった有様《ありよう》が、まだまだ外資側の投資をためらわせている大きな要因である。

ただし、労働者の「質」はよいようである。北朝鮮に投資したドイツのジャケットメーカーの技術者は、北朝鮮の労働者の仕事の丁寧さは韓国などと比べても遜色《そんしょく》がないと語っていた。

7. 北朝鮮——経済「改革」の行方

「改革」の誤算

ここまで中国・ベトナムの経済改革と比較しながら、北朝鮮が現在すすめている「改革」を検証してきた。

この「改革」は、前政権を否定できないことから生じる不徹底性・不透明性に加え、中国やベトナムでさえ非常にリスクをともなった価格改革を、ほかの改革に先行させて実施するなど、順序を無視したものとなっていることがわかる。

また、インセンティブ・システムとして導入された企業への限定的な自主権付与や、農民からの買上げ価格の引上げなども、モノ不足、とくに深刻な食糧不足のもとではインセンティブに結びついていないことも見てきた。

たとえば、北朝鮮西部の港町のある倉庫管理員の名目給は、一二〇ウォンから一五〇〇ウォンに引き上げられたが、結局新しい給料はもらえなかったという。倉庫で管理すべき物資がない状況であり、やる仕事がなければ、成果をあげることもできないからである。[22] 優遇されているはずの兵士でさえ、飢えに耐えかねて盗みを働くようになった。配給されるコメを上司にピンはねされているのである。[23]

すでに述べたとおり、政府は当初、闇市場を閉鎖し、国営商店での流通に戻すことを狙っていた。だが国営市場で販売するモノがなければ、少ししかないモノはさらに深い闇の市場にもぐることになり、一般の人々の生活はさらに苦しいものになっていくであろう。結局北朝鮮政府は、「チャンマダン」と呼ばれる実質的な闇市場を「総合市場」と称して容認せざるをえなくなった。現在では、かつて禁じられていた工業製品の市場での販売も認められている。「経済管理改善措置」の当初の目論見は、早くも破綻したわけである。

闇市場が復活すれば、そこで売るモノがある人はカネを稼ぐことができる。たとえば役職上外貨にアクセスできる者や、中国に親戚がいる者などは、中国から物品を輸入（密輸を含む）することもでき、それを高くなった価格で販売することもできる。携帯電話を駆使して密輸を行っている者もいる。[24] こうして貧富の格差が一層拡大してゆく（情報の流出入を防ぐためと、密輸を行わせないためにか、二〇〇四年五月には携帯電話は没収されることになった）。

ＷＦＰ（世界食糧計画）の調査によれば、配給以外で食糧を得ることが難しい都市部の住民が「措置」の影響を被っており、都市部の労働者は収入の七五〜八五パーセントを食糧の購入にあてている。[25]ハイパー・インフレも依然として猛威を振るっているようだ。「措置」から二年後の〇四年七月二七日、韓国の新聞「朝鮮日報」は、コメの価格が一キロ六〇〇ウォン（一ヵ月平均月給が二五〇〇ウォン）と、「措置」発表時の改定価格の一五倍近くになったと報じている。

また、秘匿していた中国の人民元などの外貨で密輸を含む貿易を行ってきたことによって総合市場にモノが多く見られていた状況にもかげりが見え始めた。新たに外貨を稼げず、外貨が底をつき、不足し始めたことから、〇四年からウォンの価値は下落する一方となっている。ドルレートは「措置」開始時の一五〇ウォン（実勢二〇〇〜二五〇ウォン）から大きく下落、〇五年三月には一ドル二六〇〇ウォンという。[26]

こうした展開は、価格改革を行おうがインセンティブ・システムを導入しようが、やはりまずはモノの生産を回復させなければ混乱を招くだけであることを教えている。

「調整政策」の提言

北朝鮮で何よりも急がれるのは、食糧生産の回復である。飢餓状態が厳しさを増しており、一刻の猶予もならない状況だ。食糧生産を増加させるためには、工業においても食糧生産に関わる部門に資金・資材を重点的に投入する、すなわち化学肥料や農業機械への傾斜生産を行わなくてはならない。

その意味では、北朝鮮が今、参考にすべきは、中国で一九七八年に開始された「改革開放」政策よりは、「大躍進」政策の失敗によって飢餓に陥った中国で採用された「調整政策」であるのかもしれない。

五八年に開始された「大躍進」政策は、いわば急ぎすぎた社会主義化であった。農村の急速な人民公社化に加え、北朝鮮の千里馬運動と同様の精神主義的な増産運動が行われた。結果は食糧難と日用品不足、そして飢餓による一五〇〇万人とも四〇〇〇万人に及ぶともいわれる死者であった。毛沢東はいったん国家主席から退き、現実主義者の劉少奇がこれに代わった。

こうして六〇年代前半、劉少奇と鄧小平によってとられた政策が「調整政策」である。

まず人々の「食」の問題を解決するために、農民の生産へのインセンティブを大胆に喚起する「三自一包」政策がすすめられた。「三自一包」とは、農家が自由に耕作できる自留地、それを自由に販売できる自由市場、人民公社が経営企業の損益に責任を持つ損益自己負担（自負盈虧《えいき》）、そして人民公社から農家が戸別に生産を請け負う請負生産（包産到戸）である。

工業生産においても、農業を支援するための工業の発展が優先的にはかられ、化学肥料や農業機械の生産の回復に力が注がれたのであった。

北朝鮮でも、同様の政策が必要ではないか。

自留地を拡大する、あるいは分組制を超えて戸別請負制にすることによって、農家の裁量権を増やす。また工業においても化学肥料や農薬の増産を何よりも先行させることによって、農業生産の回復に全力をあげるのである。その過程では、貴重な外貨を使ってでも、優良種子を輸入しなければならないかもしれない。

北朝鮮は寒冷地であり、耕作地も少ないが、科学的に管理していれば、農業生産は回復できるはずである。

たとえば北朝鮮と国境を接する中国の吉林省の収量は、トウモロコシで一ヘクタール当たり五九七〇キログラム、コメで五五五四・七キログラムである。北朝鮮の耕作地は、畑で一四〇・七万ヘクタール、水田で五八・五万ヘクタールあるから、もし北朝鮮で吉林省なみの収量が得られれば、トウモロコシ八四〇万トン、コメ三二五万トンが収穫されることになる。

「主体農法」などと呼ばれる無理な密植などにより、地力は衰えていると思われるので、すぐには吉林省なみの収量は得られないであろうが、密植をやめ、水管理や施肥を合理的に行えば、たとえ吉林省の半分の収量であっても、合計五八二・五万トンの収穫が得られることになる。

こうした施策を通じて、ある程度農業が回復したのなら、もともと「南農北工」といわれていたように、北朝鮮には鉱物資源もあるのであるから、石灰や無煙炭などの採掘を行って、確実に民生と輸出に回す必要があろう。また、エネルギー生産や、労働集約型で設備投資が少なくてすむ軽工業、たとえば縫製業のような輸出産業を興す必要がある。

さらに本来ならば、同時に資本不足を補うために外資の導入が必要である。そのためには核問題を解決し、米国との対立という不安定要因を解消しなくてはならない。情報の流入という副作用は、現在の北朝鮮にはきつすぎるかもしれないが、資本不足を補う妙案は、結局は外資導入しかない。

国際環境の好転とあわせて調整政策の効果があがってくれば、徐々にではあっても、まず韓国や中国、そして日本、欧州からの投資が増大する可能性はある。

米国による「テロ支援国家」指定の解除が実現すれば、アジア開発銀行に加盟し、融資を受けることも可能になるだろう。委託加工貿易などを手始めとして工業生産が回復すれば、ミサイルなどに頼らずとも有望な輸出商品が生産されることになる。

〇二年から始まった北朝鮮の「改革」は、その順序を誤ったことで、ハイパー・インフレを招き、改革というよりも混乱を招いてしまった。

「食」の問題をはじめとして、まず生活の基本的な部分が保証されてこそ、改革への道をすすめることができるはずである。まずはモノの生産の回復をはかることこそが求められているのである。

第三章　北朝鮮経済史

冶金工場建設事業所の労働者たち（1970年代　朝鮮通信＝時事）

1.「解放」直後の北朝鮮

「解放」から分断へ

一九四五年八月一五日、日本の敗戦によって朝鮮は植民地支配から解放された。しかし、そのまま米ソによる分割統治のもとにおかれることとなり、朝鮮半島に統一国家が誕生することはなかった。

四五年一二月には、米英中ソによる五年間の信託統治の後に南北統一政府を発足させるというモスクワ協定が締結されたが、その後の米ソ対立の激化から、この協定は実行されなかった。南部では米軍の軍政が敷かれ、北部ではソ連軍民政部の指導のもと、ソ連軍とともに帰国した金日成を委員長とする北朝鮮臨時人民委員会（後に北朝鮮人民委員会）が結成された。

朝鮮半島の分断によって、南北ともに均衡のとれた経済発展が阻害されることとなった。

朝鮮半島北部にはもともと鉱物資源が多く、日本植民地時代に製鉄所など重工業の設備が多く建設されていた。反対に農業や軽工業は南部で盛んであったことから、「南農北工」「南軽北重」と呼ばれていた。

朝鮮半島全体の工業総生産額のうち北部は六〇パーセントを占めていたが、なかでも北部の割合が高かった分野は、採掘業（七八パーセント）や化学工業（八二パーセント）であり、発電量に至っては九二パーセントを北部が占めていた。反対に水田の七五パーセントは南部に位置し、また紡績業の六七パーセントや食品工業の六〇パーセントなど軽工業は南部に集中していた。(1)

南部の経済と切り離されたことによって北部では食料や日用品が不足するようになる。経済的混乱は南部でも深刻であった。南北朝鮮の経済は、分断がもたらしたハンディーを背負って歩み始めなくてはならなかったのである。

土地改革と工業の社会主義化

朝鮮半島北部では、分断によって生じた食糧不足を打開するためにも、土地所有制度の改革が急がれた。

一九四五年八月の解放以前の朝鮮では、農家総数のわずか四パーセントが耕地総面積の五八・二パーセントを所有しており、反対に農家の八〇パーセントは土地を持たない人々であった。(2)

このため四六年三月には「土地改革法」が公布され、日本人や五町歩以上を所有する地主や寺院などの土地はすべて没収、貧農や小作農に無償譲渡され、「耕すものが土地を持つ」改革がなされた。

土地改革はかなり早くすすんだが、これは地主階級の多くが、社会主義政権を嫌って南部に避難したことから、大きな抵抗を受けることがなかったためである。北部に残ることを選んだ地主に対しては、一般農民と同じ広さの土地が分配された。

土地の所有制改革が一段落した後の四六年六月からは、収穫高の二五パーセントを現物で納める「農業現物税」が導入された。解放前の小作料が、収穫高の五〇〜八〇パーセント、ときには九〇パーセント（ほとんどが現物での納入）にも及んでいたこと(3)を考えると、「税率」ははるかに低くなったことになる。その後、農業現物税の税率は五六年には二一・一パーセントに、五九年には八・四パーセントに引き下げられ、(4)六四年の「社会主義農村問題に関するテーゼ」で、農村の振興のために農業現物税の廃止がうたわれたのにともない、六六年からは全廃された。

四六年八月には日本国、日本人および親日企業家が所有していた企業や鉱山、鉄道、銀行、商業施設など一〇三四の重要施設が無償で没収され、国有化された。(5)

植民地時代に工業分野の大部分を所有していた日系企業が接収されたことにより、四六年末には国有企業など社会主義経済形態の占める割合は、工業総生産額の七二・四パーセントに達した[6]。解放後一年あまりで、生産財を国有化する社会主義経済化が急速にすすめられたのである。

四七年と四八年には各々一ヵ年計画が立てられた。生活必需品や食料の不足を克服するために、これらの増産が急がれ、興南化学肥料工場をはじめとして二二〇〇工場の五〇万人が参加する「増産突撃運動」が行われた。

北朝鮮の公式報道によれば、工業総生産額は四七年には前年比五四パーセント増、四八年は六四パーセント増となり、食糧（穀物とイモ類）の生産は、四七年には前年比一八万トン増の二〇六・九万トン、四八年は二六六・八万トンとなった[7]。経済回復の足取りは速かったが、当時の人口が九三〇万人程度であったことを考えると、食糧生産は籾の段階で一人当たり二八七キロとなり、まだ飢えを満たす程度にすぎない状態であったことがうかがわれる。

国連による統一政府樹立のための南北総選挙は、米ソ対立が決定的となるなかでついに実現せず、四八年八月には朝鮮半島南部に大韓民国が、九月には北部に朝鮮民主主義人民共和国が誕生、今日に至る分断構造が作られた。

北朝鮮では、建国後の四九―五〇年には二ヵ年計画が行われ、ソ連の援助もあって食糧生産は三〇〇万トンに、工業生産は一九四四年の九五・五パーセントの水準にまで回復した[8]。

しかし、新たな国造りを始めたばかりの北朝鮮は、試練のなかに自ら足を踏み入れていく。

朝鮮戦争である。

2. 朝鮮戦争と戦後復興三ヵ年計画（一九五四―五六年）

朝鮮戦争

一九五〇年六月二五日未明、朝鮮人民軍は突如三八度線を越えて南下、朝鮮戦争が始まった。南北朝鮮の統一を武力で実現しようとしたものであった。北朝鮮軍は、十分な戦力を持たない韓国軍を圧倒、三日後にはソウルを陥落させた。

これに対して米国は国連安全保障理事会の開催を要請、ソ連欠席のなか開かれた安全保障理事会は北朝鮮軍を韓国から撤退させることを目的とした「国連軍」の設置を決定、米極東軍司令官のダグラス・マッカーサー元帥が総司令官に任命された。九月一五日には米軍を主力とする国連軍が仁川《インチョン》に上陸する。

背後を突かれた北朝鮮軍は敗走し、国連軍は三八度線を突破してこれを追撃、朝中国境の鴨緑江に迫った。しかし中国東北地方への脅威を感じた中国は、一〇月二五日に「抗米援朝義勇軍」を朝鮮に派遣、国連軍を再び南へ押し返した。戦争はその後三八度線付近で膠着状態となり、五三年七月二七日にようやく停戦を迎えたのであった。

朝鮮戦争のもたらした被害は甚大であった。朝鮮人の死者だけで南北あわせて一五〇万人とも四〇〇万人ともいわれ、現在も離ればなれとなっている南北離散家族が一〇〇〇万人といわれる。

三年にわたる戦争の間に北朝鮮の八七〇〇の工場が破壊され、工業生産は朝鮮戦争前の六四パーセントの水準にまで減少した。落とされた爆弾の数は、一平方メートル当たり一八発にも及び、また都市ばかりではなく、全土の田畑の四分の一にも被害は及んだ。[9]直接の経済的損失は四億二〇〇〇万ドルで、これは四九年のGNP(国民総生産)の六倍にも達する数字であった。[10]

朝鮮戦争後、経済の復興が急務となったが、それればかりでなく戦費の多くはソ連からの借入れに頼ったために、その返済もしなくてはならなかった。ただし、第一章で述べたとおり、返済のなかには中国が肩代わりしたものもあった。

朝鮮戦争の結果、朝鮮半島の分断は決定的となり、南北朝鮮は軍事的緊張のもとで国造りを再開しなくてはならなかった。このことは南北の経済建設に深刻な重荷を背負わせることとなる。とくに北朝鮮にとって、軍事力の強化という至上命題は、その経済を歪ませていく大きな原因となった。

〈図表6〉重工業への投資比率

（億ウォン、%）

	総投資額	工業投資比率	重工業投資比率
3ヵ年計画（1954-56）	8.1	49.6	81
5ヵ年計画（57-61［60］）	11.7	55.0	83
7ヵ年計画（61-67［70］）	107.2	56.1	79
6ヵ年計画（71-76［75］）	166.1	48.7	83

資料）王勝今編『現代朝鮮経済』p.63（原出所は李吉雄、李東学「朝鮮工業経済及其発展政策」）
注）［　］内は実際に終了したとされる年。

重工業偏重路線

一九五四—五六年には経済復興三ヵ年計画が実施される。朝鮮戦争が終わった直後の五三年八月の党中央委員会総会では「重工業の優先的な発展を保障しながら、同時に軽工業と農業を発展させる」という方針が採択された。

これに対し「人民生活が苦しいのに重工業の建設にかたよっている」「機械からはごはんは出てこない」などの反対意見もあったが[11]、これらは教条主義、修正主義として切り捨てられた。崔昌益《チェチャンイク》副首相ら反対派は五八年までに一掃され、結局は重工業重視の路線が貫かれたのであった。

〈図表6〉に見られるように、その後の重工業への投資は、一貫して工業への投資額の八〇パーセント前後を占めている。

重工業偏重路線が選択された理由としては、朝鮮半島北部には石炭や鉄鉱石といった地下資源が豊富に存在したこと、北朝鮮に大きな影響力を持っていたソ連も重工業偏重路線であったこと、南北の軍事的な対峙という状況のなかで軍事産業の基盤となる重工業の育成が不可欠だったことと、そして五五年から標榜するようになる「生産手段と消費物資にたいする国内需要を基本的に自力で充足[12]」する「自立的民族経済」の建設を推しすすめていくためには、まず生産財を生産しなくてはならなかったなどの事情をあげることができるだろう。

朝鮮戦争後も、北朝鮮は中ソの援助に依存していたが、援助のうち六〇パーセントが電力事業と鉄鋼産業にあてられていた[13]。巨額の援助に支えられて、北朝鮮経済は重化学工業偏重の体系を確立してゆくことになる。

社会主義的改造

一九五五年、金日成は「四月テーゼ」と呼ばれる綱領を発表した。朝鮮の統一のためにはまず北朝鮮で社会主義の建設をすすめなくてはならないとするもので、そこでは、すべての分野で「商品経済形態」を徐々に社会主義化することや「社会主義経済形態の支配的地位をさらに拡大・強化し、社会主義の物質的・技術的土台をしっかりと積み上げるために、生産力をさらに発展させる[14]」ことが掲げられていた。

農業面では、朝鮮戦争前から一部で行われていた集団化を、生産回復をめざして急速にすすめることになった。農業協同組合の数は戦争前には全国でわずか一七四にすぎなかったが、停戦翌年の五四年には一〇九〇へと激増し、五六年には八〇・九パーセントの農家が農業協同組合に加入していた。[15]

朝鮮戦争で多くの田畑が破壊され、化学肥料も不足し農業生産もままならないという状況のなかで、貧農が急増した（停戦時、農家総戸数の四〇パーセント）[16]。戦争で働き手の男たちが村から消えて労働力不足となったうえ、農作業に欠かせない家畜にも不足するようになっていた。

集団化がすすんだのは、こうした窮状《きゅうじょう》に対処するために「役畜協同使役班」や「労力相互扶助班」などのような協同労働組織形態が、すでに広く普及していたからである。[17]

ただし集団化が八〇パーセントを超えるのにソ連では一三年かかり、東欧で、東独とアルバニアが一〇年のほかは二〇年以上かかっていたのに対して、北朝鮮ではわずか三年であった。これはベトナムの五年、中国の七年よりも早い。[18] 年数の短さを考えると、強引に行われた部分があるかもしれない。

農業協同組合の形態には三つある。①土地その他の生産手段は私的所有とし、役畜や農機具を共同利用して農作業を行い、生産物はそれぞれの土地の所有者が所有する形態、②生産手段の私的所有を維持したまま、それらを協同組合が統合して共同経営を行い、労働日と出資した土地に応じて分配を行う形態、③生産手段を協同組合で所有し、共同経営を行い、労働に応じて分配を行う形態である。[19]

当然、①→③にかけて社会主義の度合いは上がってくるわけであるが、北朝鮮の場合は③の形態が五八年には一〇〇パーセントに達したのであった。[20]

農業協同組合の規模は、当初は三〇戸単位であったが、五六年には八〇戸単位に、五八年秋には北朝鮮の行政単位である「里」単位とほぼ等しい三〇〇戸前後となり、ひとつの農業協同組合に属する耕作地はおよそ五〇〇ヘクタールであった。[21]

工業部門でも集団化がすすめられた。そのあり方もやはり三つに分かれる。

①私営企業が協力し合うもの。企業の生産財は私有であり、個人経営は認められているが、販売活動は共同で行う形態、②個人手工業者と小企業が協力し合い、生産財と資金を出し合って共同して使用し、各自は出資額に応じて分配を受けるというもので、半社会主義的性質を持つ形態、③生産財と資金を完全に集団で所有し、労働に応じて分配を受ける社会主義的な形態。工業分野では、五九年末には②を経て③が主流になった。

こうして北朝鮮は、建国から一〇年で農業の集団化と工業の国有化を実現し、経済の社会主義化を完成させたのであった。

五五年一二月、金日成は「思想事業で教条主義と形式主義を排除し、主体を確立させることについて」という演説を行い、事大主義・教条主義を排撃して自立路線を歩むことを呼びかけた。これは、ソ連や中国を社会主義の先進国として崇拝する傾向を戒め、マルクス・レーニン主義を北朝鮮の実情にあった形で適用すべきだ、と主張したもので、「主体思想」の起源となった。

その後、六〇年代に入って中ソ対立が深まるに従い、北朝鮮の自主路線として「主体思想」が強調され、七二年の憲法改正では、「主体思想」は国家の活動指針として明記されるに至る。これが後には金日成への個人崇拝を強調する思想へと「発展」していくのである。

3. 五ヵ年計画（一九五七―六一〔六〇〕年）――「千里馬運動」の開始

以上で見てきたように、北朝鮮は、解放直後の土地改革から朝鮮戦争後の再建を経て、一九五〇年代には農業を集団化し、工業を国有化する経済の社会主義化を実現した。

社会主義国では、一般に長期経済計画が作成され、これに基づいて経済運営がなされているが、北朝鮮の場合はどうであったのか。

〈図表7〉は北朝鮮の長期計画の工業成長率を示したものである。一見して気付くのは、解放後と朝鮮戦争後の復興期を除いて、長期計画が予定どおりに終わっていない、あるいは長期計

〈図表7〉北朝鮮の工業成長率 (%)

解放後の「平和的建設期」(1947-49)	実績	49.9
戦後復興3ヵ年計画期 (1954-56)	実績	41.7
5ヵ年計画期 (1957-61 [60])	実績	36.6
7ヵ年計画期 (1961-67 [70])	目標/実績	18.0/12.8
6ヵ年計画期 (1971-76 [75])	目標/実績	14.0/18.4
第2次7ヵ年計画期 (1978-84)	目標/実績	12.1/12.2
第3次7ヵ年計画期 (1987-93)	目標/実績	10.0/——

資料) 北朝鮮公式報道　注) [ ] 内は実際に終了したとされる年。

画が終わった後すぐに次の長期計画が開始されていないことである。計画経済の国とは思えない状況である。なぜこのようなことが起こるのだろうか。

ここからは、五七年から始まる五ヵ年計画以降の長期計画と、その実際の成果を軸に北朝鮮の経済史をたどってみたい。

この時期の北朝鮮はまだ朝鮮戦争による疲弊から完全には立ち直っておらず、設備の利用率を高め潜在的な生産性を引き出すことで生産の拡大を達成することが求められていた。具体的には工業生産を二・六倍に、食糧の生産量を三七六万トンに、国民所得を二・二倍にするという目標が掲げられた[22]。

「千里馬運動」の〝成果〟

一九五六年一二月、金日成は降仙製鋼所(平壌)で「最大限度の増産と節約をしよう」という演説を行った。これが「千里馬運動」の始まりである。

「千里馬」とは、一日に千里を駆けるという伝説の馬のことである。「千里馬運動」は千里馬の勢いで社会主義建設を最大限に加速させる「大衆革新運動」であるとされる。人々の増産意欲を高揚させ、大衆動員によって経済計画の繰上げ達成や超過達成を実現させようというものであった。

この増産運動では、機械の能力や原材料の供給能力を無視した無理なやり方が少なくなかった。機械の公称能力にこだわる者は「技術にたいする神秘主義」と批判された[23]。「工作機械子生み運動」というものも行われた。これは五九年に朱乙《チュウル》亜麻工場（咸鏡北道）を現地指導した金日成によって提唱されたものである。一台の工作機械によってさらに一台以上の工作機械を生産するというもので、五九年の朝鮮労働党常務委員会拡大会議で公式に国家目標として決定された。この結果、各部門の工場、企業所で、所有していた工作機械を使って、わずか一年たらずの間に一万三〇〇〇台あまりの各種工作機械が計画外に増産された[24]。「千里馬運動」や「工作機械子生み運動」はその生産量の多さからいずれも成功であったと自賛され、北朝鮮の労働者のやる気と能力の高さを表す成功例として、内外で喧伝された。

しかしこうした精神主義的な増産運動は、計画の繰上げ達成など、見かけのうえでよい成績を残すことはあっても、長い目で見れば様々な弊害をもたらす。つまり、原材料の需給関係を歪ませ、製品の粗製乱造を招きやすく、無理な運転によって機械の摩耗を速めるのである。また、人員の適正な配置を阻害し、結局は人間のやる気も殺《そ》いでしまうものである。

「千里馬運動」と大躍進

中国の研究者林今淑はその著書『朝鮮経済』のなかで、この「千里馬運動」を、中国で行われた「大躍進」と同じような運動だと見なしている[25]。

一九五〇年代後半に中ソ対立が始まると、毛沢東は、政治的、経済的、軍事的、イデオロギー的な面でのソ連からの自立をめざして、中国の急進的な社会主義化をはかった。これにより、五三年から集団労働を特徴とする初級合作社が作られていたが、五六年からは社会主義的性格がより強く打ち出された高級合作社への移行が急速にすすみ、その二年後には、行政と農業生産の機能をあわせ持つ大規模な「人民公社」へと発展した。

さらに五八年には社会主義化を全面的にかつ急速に行おうという「大躍進」運動が開始される。「ソ連は一五年で米国を追い越す」というスローガンを掲げたフルシチョフに対抗し、毛沢東は「中国は一五年で鉄鋼など主要工業生産高で英国を追い越す」というスローガンのもと、鉄鋼や電力などの主要産業で、第二次五ヵ年計画期間中に倍増以上の成果をあげるなどの目標を掲げた。

大躍進の目標の中心は「産業のコメ」である鉄の増産におかれていた。そのため、人民公社においても「土法高炉」と呼ばれる土着的な小型炉によって農民が鉄の生産を行う「製鉄運動」が呼びかけられる。全国で三〇〇万基（ひとつの村に三・七基）の「土法高炉」が造られ[26]、農村の労働力が製鉄にむけられた。農業生産はおろそかにされ、さらに製鉄用燃料を求めて山林の乱伐がすすんだ。

ところが「土法高炉」なるもので生産された鉄は脆く使い物にならず、その一方で食糧生産は大幅に減少してしまった。その結果、食糧生産は五八年の二億トンから翌五九年には一億七〇〇〇万トンに、六〇年には一億四三五〇万トンと減少、五九―六〇年にかけて飢饉が起こり、農村部を中心に、一五〇〇万人とも四〇〇〇万人ともいわれる餓死者を出す大災害を招いたのであった[27]。

大躍進政策の挫折によって、毛沢東のすすめる急進的な社会主義化路線は後退を余儀なくされ、劉少奇と鄧小平を中心として調整政策がとられることになった。この結果、六三―六五年には経済のバランスも回復し、工農業生産も上昇に転じることになった。

しかし中国の経験とは異なり、北朝鮮では見かけの好調な生産によって問題は表面化せず、かえってこうした手法が以後もくり返されることになる。「千里馬運動」と同様の運動が、皮肉にもその「成功」によって、北朝鮮ではその後も延々と続けられることになった。

企業管理の強化

この頃には、北朝鮮の経済運営を特徴づける経済システムも登場している。ひとつは農業分野における「青山《チョンサン》里《リ》方法」であり、それを工業分野に応用した「大安《テアン》の事業体系」である。

前者は一九六〇年二月、平安南道江西《カンソ》郡青山里の協同農場で、金日成による現地指導の過程で始められた。「社会主義制度のもとでの大衆指導思想」であり、指導方法であるとされる。

一方後者は六一年一二月に同じく金日成の「大安電機工場」の現地指導を通じて、新しい工業管理システムとして確立されたものである。

具体的には、工場での指導や管理責任を支配人（工場長）が担う「支配人唯一責任制」から、工場の労働党委員会が担う集団指導体制へと転換させることであった。金日成は「工場の主人は、すべての党員であり、党委員会であります。すべてのことは、党が決定し、組織し、指導します」[28]と語っており、「大安の事業体系」の重要な点は党の政治的指導体系を企業管理に組み入れることであったことがわかる。党が経済活動に干渉する可能性をますます高めたものといえよう。

中ソ対立の影響

一九五三年、ソ連で絶対的な権力を振るっていた共産党書記長スターリンが死去した。

三年後の五六年二月、共産党第一書記フルシチョフは、ソ連共産党第二〇回大会において「スターリン批判」を行った。

スターリンは二〇年代に権力を握って以来、党内の政敵、批判的な知識人、さらには不満をもらしただけの市民に至るまでを弾圧し、自らへの個人崇拝を強制してきた。「スターリン批判」は、個人崇拝、党内民主主義の抑圧、集団指導体制の無視などをあげて、公然とスターリンの失政を指弾している。

国際共産主義運動の偉大な指導者と讃えられてきたスターリンへの批判は、各国に衝撃を与え、東欧ではポーランドのポズナニ暴動やハンガリー事件など、自由化を求める運動を引き起こした。中国はスターリンについて「いくつかの重大な誤りを犯したけれども、偉大なマルクス・レーニン主義者であり、正しい点と間違った点を全面的かつ適切に分析しなければならない」として「功績七分、誤り三分」と反論、これが中ソ論争の発端となった。

論争は、国際共産主義運動のあり方や、フルシチョフが始めた米国をはじめとする西側との「平和共存」路線への批判にまで拡大し、六〇年代のはじめには中ソ対立が決定的となった。これはイデオロギーの次元にとどまらず、国家関係の対立にまで至った。六九年には両国の国境警備隊が衝突する事件まで起こった。

北朝鮮は、中ソ対立が始まった当初は注意深く中立の立場をとっていた。六一年に開かれた労働党第四回大会でも、ソ連を「朝鮮人の解放者」、中国を「共同の闘争で結ばれた戦友」と呼んでバランスをとっている。

ただし、実際には北朝鮮の自主路線をめぐって、ソ連との間で軋轢があったのも確かである。このため六三年に東独で行われた社会主義統一党第六回大会で、北朝鮮代表の演説のチャンスがソ連によってつぶされたことから、北朝鮮は中国寄りの姿勢を見せ始めるようになった。

さらに同年、ソ連が米英とともに、三国以外の核保有国の登場を阻もうとする部分的核実験禁止条約に仮調印したことに対し、中国が対ソ批判を強める。北朝鮮もこれに呼応して「労働新聞」社説で「米帝の核戦争挑発策動に反対し、核兵器を撤廃するために戦おう」と米ソを非難し、批判キャンペーンを行った[29]。

五〇年代には、ソ連は北朝鮮に対して北朝鮮の国家予算の四分の一にものぼるような大規模な援助を行ってきた。にもかかわらず北朝鮮が次第に中国寄りの姿勢を示すようになったことから、北朝鮮はソ連の不興を買い、六〇年代にはソ連の援助は激減する。五四―五六年に年平均四億一六一五万ドルであったものが、五七年から減少し始め、五一―六〇年の年平均では八一八〇万ドルだったものが、六一―七〇年には年平均四二四五万ドルにまで減少した。

他方で、大躍進運動の失敗直後で経済的に困難な状況にあった当時の中国には、この減少分を補うほどの援助を行う余裕があるはずもなかった。そういう状況にもかかわらず、北朝鮮は六〇年に、五ヵ年計画は「一年繰り上げて達成された」と発表したのであるが、実際には援助の減少によって一年早く切り上げて終了せざるをえなかったのである。

五ヵ年計画は工業成長率三六・六パーセントという高い数字を示しているが、これは生産の基盤がもともと小さかったところに工作機械の倍増計画が行われたことによるものであり、強固な基盤が築かれたと言うことはできない。そのため、次節に見るように、七ヵ年計画期にはいり、中ソ対立の深刻化のなかで援助がさらに減少したことから、北朝鮮の経済は悪化し続けるのである。

日本からの帰国者

この時期には、日本とも深くかかわる出来事があった。

一九五九年八月、カルカッタ（現コルカタ）において日本赤十字社と北朝鮮赤十字社の間で在日朝鮮人の北朝鮮への帰還（帰国）協定が結ばれた。これにより以後八〇年代末まで九万三〇〇〇名余が日本から北朝鮮に渡っていった。そのうち八割近くが六〇、六一年に北朝鮮に「帰国」している。

南北分断は、日本にいた朝鮮人に、帰国の願いをかなえるには南北どちらかを選ぶことを強いるものでもあった。北朝鮮への「帰国」を選んだ人々の多くが、実際には南部に出自を持つ人々であった。

一方、北朝鮮側からすると、朝鮮戦争後、労働力、とりわけ若年男性労働力が不足していたことから、日本にいる朝鮮人の帰国によってそれを補おうとしていたのである。

北朝鮮を支持する人々が、北朝鮮を「地上の楽園」と賛美していたためでもあろう。日本でいわれのない差別にあっていた人々にとってみれば、北朝鮮に行きさえすれば、自分の能力を発揮して祖国の建設に貢献できると期待をかけたのも無理はなかった。

しかし、「帰国者」の願いは脆くも崩れることになる。北朝鮮は「地上の楽園」にはほど遠く、重工業偏重路線のなかで日用品や薬品の不足は甚だしかった。さらにどんなに優れた能力を持っていても、希望の職にはつけず、帰国者たちは炭鉱や農村で労働することが求められることも多かった。「祖国建設」のために勇んで帰国した人々の希望は打ち砕かれたのである。(30)

しかも、日本からの帰国者は、国家建設のために両手をあげて歓迎されたわけではなく、はじめから警戒すべき対象であったことがうかがわれる。社会主義社会は「共産党員」とそれ以外の人々という階級をつくりがちであるが、北朝鮮の場合、さらに「成分《ソンブン》」と呼ばれる複雑な階級分けがあった。核心階層（一三）、監視対象＝動揺分子（二七）、特別監視対象＝敵対分子（一二）の三つに大別され、各階層はさらに（　）内の数字で示された細かい階層に分けられており、平壌に住めるのは核心階層であるエリートだけであった。日本からの帰国者は「監視対象」であり、そのなかでも下から数えて一〇番目、「儒教信者」の上に位置するにすぎなかった。[31]

帰国した人々は、日本に残っている親戚にしばしば日用品・薬品などの仕送りを求める手紙を送ってくるようになった。

それでも、帰国者の親や兄弟姉妹の世代がいるうちは、なんとか工面してカネや薬品などを北朝鮮に送ってくれた。しかし親や兄弟姉妹の世代が亡くなるなどして、世代交代がすすむと送金が滞るようになる。援助者を失った帰国者は途端に北朝鮮社会から冷遇され、あるいは生活に困るということも起こっていった。

こうした実状が伝わってくるにつれ、六〇年四万九〇三六人であった帰国者は、六一年には二万二八〇一人と半減、六二年には三四九七人まで減少している。

帰国者たちの苦しい生活はその後も変わらなかった。八〇年代のはじめに「祖国訪問団」の団員が見たのは、「帰胞（帰国同胞）」として差別され、苦しい生活を強いられた親族であった。親族との再会は監視つきで行われ、また親族訪問のために急遽修理されたアパートで会うことが認められただけであった。案内人という名の監視者の目を盗んで語られるのは、飢えを凌《しの》ぐために、野草はもちろん、木の皮やカエルやヘビを食べてなんとか生きのびたという話であった。[32]

なお在日朝鮮人の夫について一緒に北朝鮮に渡った日本人の女性は一八三一名である。このほか日本人の夫、日本国籍を持つ子供もあわせると、北朝鮮に渡った日本国籍所有者は六〇〇〇名以上にのぼっている。(33)

4. 七ヵ年計画(一九六一―六七〔七〇〕年)――中ソ対立のはざまで

東西対立の激化

北朝鮮をとりまく環境は一九六〇年代に大きく変化した。六二年一〇月にはソ連が米国の「裏庭」であるキューバにミサイル基地を建設していることを米国が確認。米ソは一触即発の状況になった。核戦争突入の事態直前までいったこの「キューバ危機」は、最終的にソ連がキューバからミサイルを撤去したことによって収束したが、米国への「妥協」を批判する中国とソ連の対立はますます深まった。ベトナムでの戦争は日増しに激しくなり、六五年には米国が北ベトナムへの爆撃(北爆)を始めるなど、国際環境は厳しさを増してゆく。

そのうえ北朝鮮にとって頼みの綱であるソ連からの援助は、中ソ対立のあおりを受けて激減した。さらにその少ない援助も贈与ではなく借款となり、返済を求められるものとなった。

〈図表8〉7ヵ年計画（1961-67［70］）の目標と実績

	単位	目標	実績
電力	億kWh	170	165
石炭	万トン	2500	2750
鋼鉄	万トン	230	220
化学肥料	万トン	170	150
織物	億m	5	4
化学繊維	倍数	7	2.4
合成樹脂	倍数	68	40
紙類	倍数	53	2.4

資料）高瀬浄「北朝鮮の〝自立的民族経済〟の形成」p.210（関寛治・高瀬浄編『朝鮮半島と国際関係』）。原出所は第5回労働党大会

七ヵ年計画は、工業総生産額を三・二倍にすることを目標として掲げていた。しかし、様々な情勢の変化がそれを阻んだ。

当時東側では、ソ連を頂点とする経済の「社会主義国際分業の基本原則」を目的とするコメコン（経済相互援助会議）が組織されており、東欧ばかりではなく、アジアではモンゴルも加入していた。しかし「自立的民族経済」の建設を標榜する北朝鮮はこれには参加しなかった（五七年にオブザーバー参加）。「『経済協力』と『国際分業』を口実に、他国経済の自立的、総合的な発展をおさえつけ、ひいてはその国の経済を自国にしばりつけようとする大国主義的な傾向[34]」を警戒していたからである。

しかしコメコンに参加していなかったことで、ソ連との貿易では、加盟国に比べて輸入価格を高く設定されたり、原油をはじめとする必需品の輸入量を減らされたりという不利な扱いを受けることにもなった。

日韓基本条約と「四大軍事路線」

韓国では建国以来李承晩《イスンマン》が政権の座にあったが、長年の腐敗と不正選挙への抗議に端を発した一九六〇年の民衆蜂起「四月革命」によって退陣、八月には張勉《チャンミョン》内閣が誕生した。しかし、脆弱な張勉政権のもとで急速に進行する民主化や北朝鮮との宥和ムードに危機感を抱いた陸軍少将朴正熙《パクチョンヒ》は、翌六一年五月、クーデターを起こし、軍事政権を成立させた。朴正熙政権は七九年一〇月に彼が暗殺されるまで続くことになる。

朴は強大な指導力によって韓国経済の成長をはかった。日本が東京オリンピックに沸いた翌年の六五年には、日韓基本条約が調印され、両国の国交正常化が実現した。

条約では、韓国を朝鮮半島唯一の合法的政府とすることなどが確認されていた。さらに有償・無償資金五億ドルが日本政府から韓国に供与され、その資金によって韓国は浦項《ポハン》製鉄所を建設するなど、工業化の道を歩み始めた。

同じ六五年には、韓国は米国の要請を受けてベトナム戦争への派兵を開始している。これにより韓国経済は「ベトナム特需」という恩恵をこうむることとなった。

こうした資金の導入を背景に、六〇年代後半から七〇年代にかけて、韓国はそれまでの輸入代替型工業政策（輸入に依存していた製品を自国で生産し、製品の販路も国内とする工業化政策）から海外市場をめざす輸出志向型工業化政策への路線転換を行った。国内市場が小さかったために輸入代替型工業政策に行き詰まっていた韓国では、この転換は功を奏し、工業生産額が増加し始める。

後にこの発展を称して「漢江《ハンガン》の奇跡」といわれるようになった。韓国は経済的発展をとげ、新興工業国の一員に数えられるようになり、台湾、シンガポール、香港と並んで「四匹の竜」（ＮＩＥｓ　新興工業経済群）と呼ばれるほどになった。

このように、中ソ対立が激化し、韓国で反共軍事政権が樹立され、ベトナム戦争が拡大するなど国際的な緊張が激しくなったことから、北朝鮮は六二年一二月に「四大軍事路線」を採択する。

四大軍事路線とは、「全人民の武装化」「全国土の要塞化」「全軍現代化」「全軍幹部化」の四つを指している。

「全人民の武装化」は労農赤衛隊など準軍隊組織の強化である。「全国土の要塞化」は地下軍事基地の建設や軍需工場などの地方への分散、「全軍の現代化」は装備の近代化、「全軍幹部化」は兵士と将校の能力の向上を意味している。

しかしこうした軍事力強化の方針は、援助の減少によってただでさえ苦しい北朝鮮経済をさらに圧迫した。

「全人民の武装化」は頻繁に行われる軍事訓練によって労働力不足を招き、重要工場や軍事施設を地下や地方に移転させる「全国土の要塞化」は、経済的負担を増大させた。

六〇年には国家予算の一九パーセントだった国防費は、六七―六九年には三〇パーセントを超えるに至る。これは正式に国防費として計上された額であり、このほかに別の費目に算入されている国防関連予算もあるので、実際にはさらに大きな比率となっていたと思われる。

四大軍事路線とあわせて、経済建設と国防建設を同じ比重で発展させていくという「並進路線」が掲げられていたが、実際にはこのように国防に重きがおかれていたのであった。

「過度な国防費負担を減らすための政策の優先順位を調整し、重工業と軽工業をバランスよく発展させる[35]」べきだと提言した穏健派朴金喆《パククムチョル》（朝鮮労働党政治委員会常務委員）らは「消極主義分子」として批判され、六七年には粛清されてしまった。

社会主義農村問題に関するテーゼ

六四年二月には「社会主義農村問題に関するテーゼ」が発表される。

これは農村と都市の格差の解消をうたったもので、そのために①農村での「技術革命」「思想革命」「文化革命」を徹底的に遂行すること、②農民に対する労働者階級の指導、農業に対する工業の支援をすべての面で強化する、③農村経営に対する指導・管理を工業の先進的な技術管理水準へと絶え間なく接近させ、全人民的所有（国有と同義語）と共同的所有の連繫を強化し、共同的所有を全人民的所有へ不断に接近させることが提起された。(36)

さらに具体的には、農村現物税を六六年までに廃止することや、これまで協同農場の自己資金で行われてきた農村建設には、国家建設資金（国家財政資金）をあてることが決定された。

なお一〇年後の七四年には都市住民に対する税金も廃止され、これにより北朝鮮では「税金」という制度は消滅した。財政は、国営企業と協同団体企業からの収入に全面的に依拠することになった。

「社会主義農村問題に関するテーゼ」は一見すると、大躍進政策の失敗のあとに中国で行われた調整政策と同じく、農業生産の増加に力を傾ける政策のように見える。しかし、国防予算の大幅な増加により農業に必要な資金が回っていかなかったためか、実際には農業生産が増加することはなかった。

軍事費の圧迫

中ソ対立のなかで、北朝鮮は一九六三年には中国寄りの姿勢を鮮明にするに至ったが、翌六四年一〇月にソ連でフルシチョフが失脚、ブレジネフ政権が誕生すると祝電をうち、関係修復をはかるようになった。(37)

一方、中国では六六年に文化大革命が始まり、六七年一月に紅衛兵が朝鮮労働党と金日成を批判したことから、今度は中朝関係が悪化。朝鮮中央通信社は紅衛兵の行為を非難する声明を、ついで八月には中国を批判する金日成の講話を発表、さらに九月には駐中国大使を召還するほどに両国関係は悪化した。関係の修復には、七〇年の周恩来首相の訪朝を待たなくてはならなかった。

中ソ対立の影響を受けて最大の援助供与国であったソ連からの援助が減少したこと、および「四大軍事路線」による国防費の重圧や労働力不足により、七ヵ年計画は三年間の延長を余儀なくされた。しかしそれにもかかわらず、主要部門で計画目標を上回る成果をあげることはついにできなかった。「勝利のうちに計画が完了した」と宣言されたが、実際には挫折に近い形で終了したのである。

北朝鮮の長期計画の目標数値は過大であることが多く、また見かけの目標達成のために無理な増産運動をすることがあるので、目標未達成のほうがかえって健全な状況だということもできるかもしれない。しかし朝鮮戦争後、それほど経済規模が大きくなっていない段階にもかかわらず目標を達成できなかったのは、援助が減少しているなかで、なおかつ国防費を増大させようとする無理な政策のためであった。このことは鉄鋼などに比べ、繊維や食物関連など民生部門の達成率が非常に低いことにも表れている。

5. 六ヵ年計画（一九七一―七六〔七五〕年）と七・四共同声明

「七・四共同声明」と金大中事件

一九七一年に開始された六ヵ年計画では、「工業化の成果を強化・発展させ、技術革命を新しい高次元の段階へと前進させるための社会主義の物質的・技術的土台をさらに強固にし、人民経済のすべての部門において、勤労者たちを骨身にこたえる労働から解放[38]」するという基本課題が示された。これに沿って、重労働と軽労働の差異を解消し、農業労働と工業労働の差異を縮小し、女性を家事労働から解放するという「三大技術革命」が掲げられた。

しかし国際情勢の急転回が、六ヵ年計画を予想外の方向へ向かわせることになる。

七二年二月のニクソン米大統領の訪中など、緊張緩和に向かう国際情勢の変化を受けて、同年七月には南北朝鮮の間で「自主・平和・民族大団結の三大統一原則」を盛り込んだ「七・四共同声明」が出された。

この共同声明では、祖国統一の原則のほか、南北調節委員会の設置、相互の中傷・武力挑発の中止、多方面の交流およびソウル～平壌間の直通電話の架設が決められた。

しかし南北間で統一をめざす宥和的な政策がとられると、そのイニシアティブをとるために、また相手方のスパイが自国内で活動することがないように警戒するためか、逆に双方で国内の体制の引締めがはかられる。

韓国では国内世論が多様化し防衛体制が弱化することを恐れ、朴正熙大統領に権力を集中する「十月維新体制」が始まる。北朝鮮でも憲法が改正され、統治権と軍の統帥権をあわせ持つ国家主席制度が新設されることになった。これにより金日成「首相」は金日成「主席」の座につくことになった。

「七・四共同声明」自体は、翌七三年に起こった金大中《キムデジュン》事件（韓国中央情報部が起こしたとされる野党政治家金大中の誘拐事件）により、南北の接触も中断され、結局具体的な実を結ぶことはなかったが、副産物として北朝鮮経済に新しい展開をもたらすことになった。

共同声明を発表するまでの過程で、韓国の李厚洛《イフラク》中央情報部部長が平壌を、北朝鮮の朴成《パクソン》哲《チョル》副首相がソウルを訪問した。

北朝鮮では「南朝鮮人民は、二重三重の搾取と抑圧のもとで飢えと貧困に苦しんで」(39)いると語られてきた。韓国でも同様の宣伝がなされており、南北双方とも、互いに相手側の経済について「劣っている」と宣伝してきたのだが、直接訪問することによって相互にその実際の様子を目にすることとなったわけである。

共同声明発表の二ヵ月後にソウルを訪問した北朝鮮代表団の驚きを示す興味深いエピソードが、ドン・オーバードーファーの『二つのコリア』に紹介されている。[40]

韓国側は、開通したばかりの高速道路を北側代表団に見せつけようとドライブに連れ出した。北朝鮮の代表団はこれに対して、「国中の自動車をみんなソウルに集めたのは成功でしたね」と語った。

交通量が普段より多く見えるように動員をかけていたのは事実であった。しかし韓国側はこう切り返したのである。

「大変でしたよ。でも高層ビルを全部集めてみなさんにお見せするほど難しくはありませんでしたがね」

こうして韓国の予想外の発展ぶりを知った北朝鮮は、当初の六ヵ年計画にはなかった西側諸国からのプラント導入を決定する。日本からセメント・プラントを、オーストラリアからは化学肥料工場、フランスと英国からは石油化学プラントなど、あわせて二一ヵ国と契約を結んだ。七〇年から七五年の六年間に、ＯＥＣＤ（経済協力開発機構）諸国などから六〜七パーセントの利息、四〜五年間の期限で一二億四二〇〇万ドルが導入されたのであった。[41]

プラント導入と債務問題

しかしこの選択は、結果的には最悪のタイミングで行われたことになる。

一九七三年一〇月に第四次中東戦争が勃発、OPEC（石油輸出国機構）加盟のペルシア湾岸産油六ヵ国は、原油価格の引上げと原油生産の削減、非友好国への禁輸を決定した。第一次石油ショックの始まりである。これによりインフレと景気停滞が同時に起こるスタグフレーションが引き起こされた。

導入したプラントの代金は高騰し、反対に北朝鮮の主要な輸出品である鉛や亜鉛といった非鉄金属の価格は大幅に下落する。そのため予定していた外貨を獲得することができず、北朝鮮はプラント代金を支払うことができなくなった。

しかも北朝鮮で導入されたプラントは、六〇年代に「輸出志向型」を選択した韓国とは異なり、これまで輸入していた産品を国内で生産する「輸入代替型」であり、生産された製品はほとんど北朝鮮国内で消費されるために外貨獲得に結びつかなかった。このことも債務返済を不可能にした。

日本から導入したセメント・プラントの場合は、当初生産されたセメントは主に日本に向け輸出される予定であったが、南浦《ナムポ》ですすめられていた大規模な閘門《こうもん》（水害防止と灌漑のために築かれた）の建設工事に使用されたためか、結局輸出されることはなかった。さらに外貨を節約するために、プラント本体は導入しても関連部品の輸入は中止したことから、せっかく導入したプラントの生産能力をフルに発揮できなくなってしまった。

七〇—七五年の輸出入額の差額から推計すると、当時の北朝鮮の対外債務額は二〇億ドル程度であったものと思われる。韓国の対外債務問題がピークであった八五年当時で四六八億ドルであったことからすると、北朝鮮の債務額はそれほど大きいわけではないが、七〇年代前半の輸出額が三億〜七億ドルと決して大きくないことを考えると、北朝鮮は毎年の輸出の三〜六倍の債務を負っていたことになる（八五年の韓国の輸出額は三〇二・八億ドル）。

八七年八月、新規融資や繰延べ条件の緩和を求めてきた北朝鮮と西欧の銀行団約一四〇行との間で意見が対立、銀行団は債権回収の意思を明確にして「デフォルト宣言」（債権者は期限以前であっても債務者からの融資回収が可能になる）を通告した。一〇月に約一四億マルクの債務繰延べで合意、なんとかデフォルト宣言の発効を免れたものの、結局支払いは行われなかった。

日本に対する債務は七六年末で約八〇〇億円であったが、同年一二月に日朝間で債務繰延べ交渉が行われ、支払い条件について一応の合意をみた。しかし、翌年三月には取り決めどおり支払いがあったものの、六月は予定額の半分、それ以降はまったく支払われなくなってしまった。

七九年に再度の繰延べ交渉が行われ、合意に至ったが、北朝鮮が八三年のラングーン事件、八七年の大韓航空機爆破事件とテロ事件を相次いで起こしたことから、日本政府は制裁措置を発動。これに反発した北朝鮮は、繰延べ期間を過ぎても支払いを行おうとしなかった。

当初日本の関係業界は、北朝鮮に対する破産宣告ともいえる輸出保険の支払いを受けることはしなかったが、北朝鮮に債務支払いの意思がないと判断し、八六年以降は保険支払いを受けるようになった。

北朝鮮の債務返済が困難になった背景には、実際プラント代金の高騰や外貨不足という大きな原因があるのだが、第一章でふれたようにソ連への債務返済が七六年から始まったことも関係があるだろう。

東側諸国との債務の借換え交渉も思うようにすすまず、利子も増加した。韓国国家情報院の推計によれば、北朝鮮の債務は九七年末の時点で一一九億ドル（旧西側諸国に四五・五億ドル、旧東側諸国に七三・五億ドル）にのぼる。(42)

西側からのプラント導入という路線転換は、こうして文字どおり「負の遺産」を残して終わったのであった。

「三大革命小組」運動と金正日

六ヵ年計画時代の動きとしては、一九七三年からの「三大革命小組」運動がある。

三大革命小組とは、三大革命（共産主義国家建設という目的を果たすために、国民の義務とされている思想・技術・文化の革命）を推進するために設けられた、二〇〜五〇名ほどのグループである。主体思想と確固たる政治思想を身につけ、近代的な科学技術の知識もあるとされる青年知識層と党幹部からなる。こうしたグループが各地の工場や企業所、協同農場に派遣され、政治思想指導と科学技術指導を行うこととなった。

この運動を指導したのが金日成の長男、金正日である。この頃から金正日を金日成の後継者とするべく準備がすすめられていた(43)。

「政治思想指導」を掲げていることからわかるように、この運動は、「精神一辺倒主義」であったと言ってよいだろう。高い生産目標を掲げながら、それに最低限必要不可欠な資金や資材なども供給せず、「自力更生」の名のもとに「工夫すれば、できないことはない」と発破をかけるのである。

三大革命小組が派遣された農場では、目標達成のために、生徒や学生までも動員され、昼夜兼行で作業が行われた。性能が悪いトラクターはオーバーワークですぐ動かなくなり、結局は人力を酷使することになる。しかも昼夜兼行という強引な作業のため、手抜きを行わざるをえなくなってしまう。これでは農作物のできがよくなるはずがない。

それでも三大革命小組は、高い生産目標を「超過達成した」と上部機関に報告するのである。過酷な労働を嫌がる者が出てくると、引締めのためにスケープゴートに仕立てて「保守主義者」や「修正主義者」といったレッテルを貼って強制収容所に送ることもあった。[44]

金正日は、三大革命小組を指導する一方で、七四年一〇月から「七〇日闘争」という「速度戦」を開始した。「速度戦」とは「いったんはじまれば仕事を遅らせず、執拗に進めて、火が出るほど動きまわり、休むことなく新しい革命課業の遂行に突進する[45]」ことであるとされている。五〇年代から行われていた「千里馬運動」にさらに無理な増産運動が加わったことになる。

債務問題によって受けた打撃にもかかわらず、北朝鮮は六ヵ年計画を一年四ヵ月繰り上げて七五年八月に達成したと発表した。しかしこれは据え付けた機械の「生産能力」としての達成であった。つまり、その機械が稼動して実際に産品を「生産」したわけではないのである。

新しい経済計画は、七六年はおろか、本来次の長期計画が始まるはずの七七年になっても始まることはなかった。

6. 第二次七ヵ年計画(一九七八―八四年)――金正日の登場

「十大展望目標」

六ヵ年計画は一年四ヵ月繰り上げて、七五年に達成されたはずであった。しかし実際には原材料・エネルギー供給と加工部門との歪みや外貨不足などを招いたために、本来の終了年の翌年にあたる七七年が調整のための「緩衝期」とされ、七八年にようやく第二次七ヵ年計画が開始される。

前半の三年は北朝鮮としては比較的順調であったが、第六回党大会が開催された八〇年頃から再び経済運営の雲行きはおかしくなる。この大会で、八〇年代末の達成を目標とする「十大展望目標」が発表されたのである。

第二次七ヵ年計画の最終年にあたる八四年末の目標数値と、十大展望目標の関係は説明されていないが、〈図表9〉に示したように、十大展望目標の数字は、第二次七ヵ年計画の目標数値と比べると、少なくとも四割増、干拓面積にいたっては三倍という過大な数字になっている。

第二次七ヵ年計画の目標が達成できそうもないことを早くも八〇年代初頭の時点で悟って、目標達成期間を八〇年代末に延ばして過大な数字を示したのではないかと勘繰りたくなるほどである。

事実、情報が乏しいなかで北朝鮮の経済実績を知るための指標となっていた工業生産総額の伸び率の指数は、八二年を最後に発表されなくなった。さらに穀物生産の実績の公表も八四年を最後に途絶えてしまう。

「十大展望目標」に従って、八二年には農業生産拡大のために耕地の拡大がはかられた。当時

〈図表9〉第2次7ヵ年計画目標と十大展望目標

	単位	第2次7ヵ年計画（1978-84年）	十大展望目標	第3次7ヵ年計画
鉄鋼	100万トン	7.4～8.0	15	10
非鉄金属	100万トン	1	1.5	1.7
石炭	100万トン	70～80	120	120
電力	10億kWh	56～60	100	100
セメント	100万トン	12～13	20	22
紡織	100万m^2	800	1500	1500
水産品	100万トン	3.5	5	11
化学肥料	100万トン	5	7	7.2
干拓	万ヘクタール	10	30	30
穀物	100万トン	10	15	15

資料）第2次7ヵ年計画は1977年12月最高人民会議、十大展望目標は80年10月第6回党大会、第3次7ヵ年計画は87年最高人民会議。

の全耕地の三分の一にあたる五〇万ヘクタールの干拓工事を行い、全国土を棚田化するという壮大な計画であった。この頃の演説で金日成は「米はすなわち共産主義である[46]」とまで言って発破をかけている。

しかし海面干拓によって造成された新たな耕地では、塩害のために作物は育たず、また山地の樹木を乱伐して山頂まで棚田化したことから、少しの雨でも洪水が起こったり、表土が流失して農地をだめにしてしまうという現象が起こった。九〇年代に起こる自然災害の原因のひとつはこのときに作り出されたのであった。

金正日後継体制と巨大建造物

一九八〇年に開催されたこの第六回党大会

では、金正日後継体制が正式に決定された。さらにこれ以降経済運営は金正日が中心となって指揮をとることになった。

八二年にはまたもや「速度戦」が開始される。「八〇年代速度創造運動」である。この「速度戦」も金正日が指揮したといわれる。

さらにこの年、金日成の七〇歳の誕生日（四月一五日）にあわせて「主体思想塔」「凱旋門」などの巨大モニュメントが建設された。

主体思想塔は花崗岩でできた一七〇メートルの塔であり、ワシントン米初代大統領の碑（ワシントン・モニュメント）よりも一メートル高い「世界で最も高い石造りの塔」とされる。凱旋門は日本軍を打倒した金日成の凱旋を記念するもので、パリの凱旋門より大きいことを誇っている。[47]

巨額の債務を抱えていながらこうした非生産的な投資を行ったことで、海外の債権者は北朝鮮の支払い意思に対して一層の不信感を抱くことになった。

翌年、西側に不信感をさらにつのらせる事件が起きた。

八三年一〇月、ビルマのラングーン（現ミャンマーのヤンゴン）を訪れていた全斗煥韓国大統領一行を狙った爆弾テロが行われたラングーン事件である。全斗煥大統領は難を逃れたものの、李範錫《イボムソク》外相など四人の閣僚をはじめとして、韓国人一七人とビルマ人四人が死亡した。一一月四日ビルマ当局はこれを北朝鮮の犯行と断定。ビルマをはじめ、コスタリカ、コモロ、西サモア（現サモア）が北朝鮮と断交した。

ビルマ政府の発表を受け、日本は一一月七日に、日本の外交官と北朝鮮の職員との第三国における接触を厳しく制限し、日本の国家公務員の渡航を制限するなどの制裁措置をとった。国際情勢が大きく変化するなかで、ラングーン事件は北朝鮮の孤立化を決定的にしたものと思われる。

八五年二月には第二次七ヵ年計画の終了が発表された。しかし具体的な達成数値は公表されず、またも八五、八六年を調整期間とすることが発表された。①エネルギーへの投資を増加させ、エネルギー・交通といったボトルネックの問題を解決する、②鍵となるいくつかの基本建設項目に力を集中する、③軽工業を展開する、という三つの課題が、調整期間の目標として掲げられた。

③については八四年八月三日に、金正日が計画外の予備の資金を使って、軽工業品（消費財）を増産し、あわせて直営店も設けて、直接大衆に販売するようにという指示を出した「八・三人民消費品運動」が行われた。しかしこれまでの重工業偏重路線に根本的な変化を与えることができないばかりか、計画外の資金を使用したことから、計画そのものに混乱をきたす原因にもなり、軽工業品不足の状況を解決することもできなかった。

合営法の制定

こうした経済の行き詰まりを背景に、北朝鮮は八四年に合営法を公布した。外資を導入するための法律の制定は、ベトナムに遅れること七年、中国に遅れること五年であった。

中国では一〇年にわたる混乱を招いた文化大革命が七六年に終了し、翌年には、「走資派（共産党内にいながら資本主義の道を歩む実権派）」と批判されていた鄧小平が復活。七八年末には改革開放路線へと大きく舵をきった。七九年七月には中国は合資法を発表する。八〇年には中国は四ヵ所に経済特区を設立した。八三年には合資法施行細則が発表され、翌年には沿岸一四都市が開放されるなど、国内的な整備が着々とすすめられた。

さらに八五年にはプラザ合意があり、円高ドル安が進行し日本をはじめとする西側企業の海外投資がすすむなかで、第一次対中投資ブームを迎えることになった。

北朝鮮が合営法を公布した八四年は、プラザ合意の前年であることを思えば、絶妙のタイミングのはずであった。しかし合営法を発表しておきながら北朝鮮自身が西側資本を導入することに及び腰であったため、合弁事業はすすまなかった。中国では開放政策について「窓を開ければきれいな空気とともにハエもはいってくる」と達観していたが、中国とは異なり、北朝鮮には西側社会の情報という「ハエ」を受け入れる覚悟も準備もなかったのである。

中国のような経済改革もなく、不安定要因を抱えた北朝鮮には、西側企業もまた投資をためらった。九六年五月の時点で合弁会社は一三〇ほど、七〇が在日朝鮮人系、四〇が中国系、そのほかは韓国系などとされているが、いずれも規模が小さいようだ。結局、外資導入政策が成果をあげることはなかった。

このように第二次七ヵ年計画期の北朝鮮は、経済運営においても、外交関係でもちぐはぐな点が目立ち、経済はさらに困難を深めていくことになった。

7. 第三次七ヵ年計画（一九八七—九三年）——ソ連の崩壊とさらなる経済の悪化

悪化を続ける北朝鮮経済

一九八五、八六年の「調整期間」を終えて、ようやく八七年から第三次七ヵ年計画が行われることになった。

この計画の基本課題として掲げられたのは「経済の主体化・現代化・科学化を継続促進し、社会主義完全勝利のための物質的・技術的基盤を強化する」ことであった。具体的な数値としては工業総生産を一・九倍、農業生産は一・四倍以上に成長させるという目標が示された。

もちろんこの目標も十分に野心的すぎるものだが、前の第二次七ヵ年計画で工業が二・二倍と設定されていたのに比べれば、やや低い数字となっている。北朝鮮もようやく経済の悪化を認めざるをえなかったのであろう。

分野別の具体的な目標数値は〈図表9〉に示してある。これを見ると、九三年末を終了年とする第三次七ヵ年計画の目標が、八〇年代末をゴールとしていたはずの十大展望目標の数字より低い項目すらある。たとえば鉄鋼の目標生産量は十大展望目標の三分の二であり、石炭、電力、紡織、穀物、干拓は同じ数字が並んでいる。

十大展望目標がもともとあまりにも過大な目標であったので、実態に近づけたというのであれば問題ないが、北朝鮮にとって目標数値の意味とは何なのか、疑わしくなる数字ではある。

八〇年代後半から悪化し続けた北朝鮮経済はますます困難な状況になっていた。深刻な外貨不足のなかで、各国にある北朝鮮大使館のうち、本国から運営費が送金されなかった国の大使館では、外交特権を利用した酒の密輸で運営をまかなっていたという。

債務問題のために西側との貿易は難しく、北朝鮮は社会主義圏での貿易を再び拡大するしかなかった。ところが、バーター取引をしている社会主義圏の貿易すらもはやうまくいかない状況であった。八八年には、東独が北朝鮮向けに予定していた製品を他国へ回すという事態も起

きている。北朝鮮の輸出実行率が、貿易協定で取り決めたうちの六六・四パーセントにすぎなかったためである。(48)

それにもかかわらず、北朝鮮はソウル・オリンピックに対抗して八八年には平壌で世界青年学生祭典を開催、そのために青年中央会館、東平壌大劇場の建設など二六〇プロジェクトに四〇億ドルも費やしたのであった。(49)

八七年には再び北朝鮮によるテロ事件が起こった。アブダビを飛び立った大韓航空機が北朝鮮の工作員によって爆発物をしかけられ、中東への出稼ぎから帰国しようとしていた韓国人ら乗客・乗員一一五人が犠牲になった大韓航空機爆破事件である。

韓国の社会主義圏への接近

一九九〇年代になると、北朝鮮の経済および北朝鮮をめぐる国際関係は一層悪化する。ひとつには経済発展をとげた韓国が、経済の新たなフロンティアを求めて社会主義国と相次いで国交を樹立したことから、北朝鮮が国際的に一層孤立する状況となったことである。北朝鮮の経済が次第に混迷を深めていった八〇年代、南の韓国は大きく変貌をとげつつあった。

六〇年代に輸出志向型工業政策へと転換した韓国では、輸出が経済の牽引車となって「漢江の奇跡」と称される経済発展をとげた。

七九年一〇月には朴正煕大統領が暗殺される。強権的であった朴正煕大統領の死後、各地で戒厳令の解除や民主化を要求する声があがった。しかし翌年五月に軍の保安司令官だった全斗煥が軍部を率いて政権を掌握し、非常戒厳令を拡大・強化したうえ、反体制派の一掃に乗り出した。光州《クワンジュ》では、これに抵抗する市民や学生たちが戒厳軍によって弾圧された（光州事件）。短い「ソウルの春」は終わりを告げ、九月には全斗煥が自ら大統領に就任する。

しかし、経済成長によって次第に中産階級が育ちつつあった韓国では、こうした強権的な政治はもはや受け入れられなかった。八七年六月には、一〇〇万人を超える民主化要求デモが起こり、これに抗しきれなくなる形で、与党民主正義党代表の盧泰愚《ノテウ》が言論の自由や大統領の直接選挙などを柱とした「民主化宣言」を発表。二〇年以上にわたる軍部独裁の時代が幕を閉じることとなった。

一二月に行われた大統領選挙では、野党の分裂もあって、軍人出身ながら「普通の人」をキャッチフレーズとした盧泰愚が当選する。

盧泰愚は就任後「北方政策」を本格的に始動した。「北方政策」とは韓国が社会主義国との関係改善をはかり、最終的には北朝鮮との関係改善を実現しようとするものであった。

韓国と社会主義圏の交流は、細々とではあるが七〇年代には始まっていた。多くは国際会議や国際スポーツ大会を通じての相互訪問であった。八三年には、韓国外相が、共産圏の国々とも外交を積極的に行う準備があることを表明している。

八三年には大韓航空機がサハリン上空でソ連戦闘機に撃墜され、二六九名が亡くなるという不幸な出来事もあったが、八四年には韓国選手団がユーゴスラビアで行われた冬季オリンピックに参加、八八年には、東京オリンピックに次いで二番目のアジアでの開催となるソウル・オリンピックが行われた。この大会にはソ連をはじめとする社会主義諸国が参加した。

七九年にソ連がアフガニスタンに侵攻したことから、翌八〇年に開催されたモスクワ・オリンピックには米国をはじめとする一部の西側諸国が不参加。八四年のロサンゼルス・オリンピックには東側陣営が参加しなかった。ソウル・オリンピックは、三大会ぶりに東西両陣営がそろっての大会となったのであった。

その後、韓国は着々と社会主義圏との交流を深め、八九年二月にはついにハンガリーと、続いて一一月にはポーランドと、一二月にはユーゴスラビアと国交を樹立。さらに九〇年三月には、チェコスロバキア、ブルガリア、モンゴル、ルーマニアと相次いで国交を樹立、九月にはソ連と、さらに一二月にはベトナムとも国交を樹立したのであった。これに対し、北朝鮮はハンガリーに対しては抗議をしたものの、以後、もはや時の流れに逆らうことは難しい状況となった。

なお韓国、北朝鮮ともに二重承認（ある国家が韓国と北朝鮮双方との国交関係にあること）を認めていることから、北朝鮮も引き続き、これらの国々との国交を有している。

ソ連・東欧諸国に続き、中国も韓国との国交樹立に踏み切る。

韓国は、中国との間接貿易を実質的には七七年から行っていたが、八三年五月にはハイジャックされた中国民航機が韓国春川《チュンチョン》基地に着陸、乗客と機体の返還交渉のために中国政府高官が韓国の地を踏むことになった。このとき合意文書に両国ははじめて互いの正式国名を使って署名した。それまで中国は韓国を「南朝鮮」と呼び、韓国は中国を「中共」と呼んでいたのである。

八五年にはすでに、中韓貿易が香港経由だけでも中朝貿易を上回っていた（香港経由のほかに日本やシンガポール経由などもあった）。八八年に地方政府としての山東省は早くも投資誘致ミッションを韓国に派遣していた[50]。しかしこの時期まで中国政府は、韓国との交流について「あくまで地方政府が行っていること」という態度をとっていた。

ところが九二年八月に中国政府は韓国との間で国交を樹立する。これに対して北朝鮮側は、中国から援助を受けるための代表団の派遣を中止するという「抗議行動」を行った。

また、中国と台湾は、国交を樹立した相手国が、中台双方に国交を有する二重承認を認めていない。これにより韓国は、それまで有していた台湾との国交を断絶することになった。

九一年九月、北朝鮮と韓国は同時に国連に加盟する。それまで北朝鮮は、南北朝鮮が国連にそれぞれの議席を持つことは「二つの朝鮮」を認めることになるとこれに反対していたが、社会主義諸国が雪崩を打つように韓国を承認するなかで、もはや時代の流れに抗することはできなかった。

ソ連の崩壊

一九九〇年前後、北朝鮮にとってさらに致命的な出来事が起こる。東欧各国の変革とソ連の崩壊である。八五年にソ連共産党書記長に就任したゴルバチョフは、ペレストロイカ（再構築）とグラスノスチ（情報公開）の開始を宣言、経済面では個人や協同組合による営業を認め、企業の独立採算制の導入などの改革を行った。しかし積もりに積もった社会主義の悪弊から逃れることはできず、八九年頃からは財政赤字の悪化、インフレの昂進などにより、国民の不満がつのるようになった。

九一年八月には改革に危機感を抱いた保守派によるクーデターが発生する。クーデターそのものは失敗に帰したが、ゴルバチョフは求心力を失い、一二月には改革派のエリツィンが政権につき、「ソビエト連邦」は解体、独立国家共同体（ＣＩＳ）へとゆるやかに再編された。

ソ連が徐々に変化するのを受けて、東欧にも変化の波が訪れていた。

八九年、東独の亡命希望者たちは、同じ東欧圏にありながら比較的自由に西側との往来ができるハンガリーの国境に大挙して集結。ハンガリーも国境を閉ざすことをしなかったため、人々はオーストリアを経て西独に向かうという「ヨーロッパ・ピクニック」が起こった。チェコスロバキアでは、フサーク政権の退陣要求デモが連日行われた。八九年一二月、政権は退陣を表明。流血をともなわない「ビロード革命」が成功したのであった。

同じく一一月、東西冷戦の象徴ともいうべき「ベルリンの壁」も崩壊する。

社会主義圏の西の橋頭堡は東独、東の橋頭堡は北朝鮮であるといわれていた。その東独でも変革が起きたのである。東欧革命では流血の惨事は少なかったが、それでもルーマニアのチャウシェスク書記長が革命政府によって処刑されたことは、金日成にとっても衝撃的な出来事だったのではないだろうか。

ソ連の崩壊と東欧革命は、イデオロギー的な衝撃とともに、直接に経済的な影響を北朝鮮に与えることになった。ソ連崩壊前の九〇年一一月に、ソ連・北朝鮮間の経済関係の新しいメカニズムへの移行に関する協定が結ばれ、それまでのバーター取引にかわってハード・カレンシーによる決済の導入が決められた。外貨不足の北朝鮮はこれにより、輸入を縮小せざるをえなくなった。これまでの大幅な対ソ輸入超過の一部は援助的に扱われてきたが、それができなくなったわけである。

ソ連と北朝鮮との貿易は、ソ連が解体する九一年には前年の七分の一にまで激減した。ソ連は北朝鮮の対外貿易額の五〜六割を占めていたから、これは甚大な打撃となった。

しかしそれだけでなく、これまでくり返し述べてきたように、北朝鮮はエネルギーや食糧、機械、原材料などの多くをソ連からの援助や輸入に依存していたのであり、ソ連の消滅は、北朝鮮経済にとって、建国以来の経済的な支柱が大きく傾くことを意味していた。

そればかりか、北朝鮮は、九二年にはソ連への年平均輸出額の二倍に上る債務をロシアに返済しなければならなかったのである。

8. 発表されぬ長期計画

核開発の発覚と金日成の急死

第三次七ヵ年計画は一九九三年に終了した。しかし九四年元日の金日成の「新年の辞」では、「昨年、わが共和国を孤立、窒息させ、わが社会主義偉業を圧殺しようとする帝国主義者と反動らの策動は前例なく悪らつに展開され、それによってわが国の情勢は極度に先鋭化した」と述べ、経済悪化の要因は外部にあるとしながらも、北朝鮮の経済状況が悪化したことを率直に認めざるをえなくなっていた。

そして九四年から三年間を「社会主義建設の緩衝期」とし、とくに九四年を「革命的転換の年」と定めた。

九三―九四年、北朝鮮の核をめぐって緊張が高まった。

北朝鮮は八五年にＮＰＴ（核不拡散条約）に加盟していたが、一方でプルトニウムの抽出が容易であるといわれる黒鉛減速炉型の原子力発電所を建設していた。九〇年四月、米国防総省高官によって、北朝鮮の寧辺《ニョンピョン》付近で使用済み核燃料の再処理工場と思われる施設が稼動していることが明らかにされ、北朝鮮にＩＡＥＡ（国際原子力機関）の査察を受け入れるよう、国際的な圧力がかかった。

九二年一月に北朝鮮はようやくＩＡＥＡとの間で査察協定を結び、九二年五月から九三年一月まで、計六回にわたり査察を受け入れた。しかしＩＡＥＡ側が査察対象外だった寧辺の二施設の特別査察を要求したことから、北朝鮮は態度を硬化させ、ついに九三年三月にＮＰＴからの脱退を表明したのである。五月には国連安保理はＮＰＴ脱退の撤回と特別査察受け入れ勧告を決議。六月にはニューヨークで米朝高官協議が持たれ、核兵器を含む武力不使用、朝鮮半島非核化、朝鮮半島の平和統一の支持の三原則で合意し、ＮＰＴ脱退を保留した。こうして査察は再開されたものの、ＩＡＥＡにとっては不本意なものでしかなかった。一方の北朝鮮もＩＡ

ＥＡが公正でないとして非協力的な態度を示し、九四年六月にはＩＡＥＡからの脱退をも表明した。

米朝間の緊張が極限に達した九四年六月、カーター元米大統領が南北朝鮮を訪問。南北首脳会談の約束を取り付け、金日成も核開発凍結の意向を示した。これにより当面の危機は脱したものの、その直後の九四年七月八日に金日成が死を迎える。金正日後継体制は二〇年前から確立していたとはいえ、建国の父である金日成の死は、北朝鮮内外に衝撃を与えることになった。

結局、南北首脳会談は開催されることはなかった。しかし金日成の死後も、北朝鮮は核凍結の姿勢を継続し、一〇月には米朝の「枠組み」合意が成立。核兵器開発への転用が容易な黒鉛減速炉型の原子力発電所の建設を断念し、かわりに日米韓にＥＵ（九七年に加盟）を加えた四者が理事会を構成するＫＥＤＯ（朝鮮半島エネルギー開発機構）が供与する軽水炉型の原子力発電所を建設することになり、ＫＥＤＯは軽水炉の完成までに毎年重油五〇万トンを供与することになった。(51)

苦難の行軍

一九九〇年代に入ってから、北朝鮮は「四つの衝撃」に見舞われた。

第一の衝撃は、社会主義の盟友であったはずのソ連と中国がともに韓国と国交を樹立したこと、第二は九一年にソ連が崩壊したこと、第三は九四年の建国の父である金日成の死。そして北朝鮮経済を一層悪化させた第四の衝撃が、九〇年代後半に北朝鮮を襲った大水害や干害などの自然災害である。九五年夏の水害では、北朝鮮の耕地一九九万ヘクタールの半分以上が被災、北朝鮮は韓国や日本を含む国際社会に食糧援助を求めるに至った。

そもそも八〇年代から行われていた「全国土の棚田化」によって樹木の乱伐が行われ、山林の保水力が減退していたために、ちょっとした大雨であっても、すぐに洪水や鉄砲水が起こるありさまであったから、集中豪雨にはひとたまりもなかった。

金日成の生前には、毎年元日に「新年の辞」が発表され、その年の指針が示されていた。その死後は「労働新聞」(党中央委員会機関紙)、「朝鮮人民軍」(人民軍総政治局機関紙)、「青年前衛」(金日成社会主義青年同盟機関紙)などの新聞の共同社説がその役割を引き継ぐようになった。大水害後の九六年元日には、「赤旗を高く掲げて新年の進軍を力強く進めていこう」と題した社説が発表され、国民に「苦難の行軍」を呼びかけた。

「苦難の行軍」とは、一九三〇年代末に日本軍に追われた金日成将軍の抗日パルチザン部隊が、百余日間の雪中行軍を耐え抜いたことにちなんでいる。

金日成の死後、金正日は実質的にはトップの座についていたが、服喪期間であることを理由に、権力継承の正式な手続きは取られなかった。喪があける九六年には正式に後継者の地位につくものと思われていたが、経済情勢があまりにも悪化したためか、後継体制にはなんらの言及もなされぬままに、九六年はすぎてしまった。

九六年、北朝鮮は再び洪水に見舞われる。これによる被災面積は前年に比べれば規模は小さかったが、機械不足のために前年の洪水からの回復もままならぬなかで重ねて被災したことから、食糧生産はさらに打撃を受けたのであった。

それでも九七年元日の三紙共同社説は、新年を、「苦難の行軍」を「勝利のうちに締めくくるための最後の突撃戦」を行う年と位置付けた。

さらに、九七年には干害に見舞われ、九八年にも水害に、九九年には再び干ばつに見舞われた。

食糧生産が壊滅的な打撃を受けるなかで、飢餓によって亡くなった人の数は、数十万人から、最大で三〇〇万人という説もある。北朝鮮の人口は二三八六万人であるから、いずれにしろ大変な数には違いない。

また、もっともひどい水害に見舞われた九五年よりも九七年前後に多くの死者が出たといわれている。中国の研究者によれば、これは九五、九六年の水害によって、軍の備蓄食糧が流失してしまったために、軍が備蓄のために強制的に農民に食糧を供出させたためであるという。

中国でも、五八―六〇年の大躍進運動の失敗の後に四〇〇〇万人ともいわれる餓死者を出したが、その多くは農民であった。都市住民の食糧を確保するために農村から強制的に食糧を調達したために、農村で多くの餓死者を出した中国と同様の構図が、北朝鮮にもあったのかもしれない。

ソ連の援助のうえに築かれた脆い経済体系や棚田化などの無理な「大自然改造事業」など、建国以来積み重ねられてきた北朝鮮経済の歪みが、「四つの衝撃」によって一挙に壊滅的な事態を引き起こしたのである。

二〇〇五年現在もなお、WFP（世界食糧計画）は北朝鮮への大規模な食糧支援を各国に要請し続けている。大量の死者を出した九七、九八年ほどではないが、慢性的な食糧不足が続いているのである。

金正日の党総書記就任

金正日が名実ともにトップになるためには、本来労働党中央委員会総会が開催されなければならないはずであったが、総会は一九九七年にも開催されることはなかった。

かわって九七年九月から各地方の代表大会で次々と金正日を労働党総書記に「推戴」する決定がなされ、一〇月には労働党中央委員会と党中央軍事委員会が同じく「推戴」を決定。それを受ける形で、金正日は朝鮮労働党総書記に就任した。

翌九八年九月には、改正された憲法のもとで、金正日は「国防委員会委員長」という肩書きで国家の最高指導者への就任を果たした。金日成は「永遠の主席」とされたのであった。九八年には「最後の勝利のための強行軍」が行われることになり、九九年の三紙共同社説では「〝苦難の行軍〟を楽園の行軍へと力強くつなげよう」とのスローガンが掲げられ、「強盛大国建設の新たな進撃路を開く」ことが求められた。

しかしこの九九年からは、いまだ自然災害の打撃から立ち直っていないなかで再び軍事優先路線が強調されるようになる。

軍事優先路線は「四大軍事路線」が提唱された六〇年代から続けられてきたわけだが、九九年元日の三紙共同社説は、「全国が要塞化され、全人民が武装したことは、わが軍事強国の誇らしい姿である。全人民は銃を愛し、軍事を誠実に学び、全国を強固な難攻不落の要塞とすべき」だと述べている。六月には「先軍政治」なるスローガンも登場した。金日成の「遺訓」を守っていたはずの北朝鮮であるが、晩年に金日成が唱えた軽工業第一主義は片隅においやられたことになる。

同年には「強盛大国」を実現するための重要な課題として「経済強国」も目標として掲げられた。農業、電力、石炭、鉄道輸送などの部門に力をいれることが呼びかけられ、さらに食の問題を解決するために、ジャガイモ栽培も奨励された。

五年で半減した国家予算

一九九九年には、最高人民会議（国会に相当）において、四年間途絶えていた予算の発表が行われた。公表された歳入規模は九四年の半分にとどまっていた。九四年といえばソ連崩壊から三年後であり、すでに経済は相当に悪化していた頃である（〈図表10〉）。

北朝鮮では七四年に税金が廃止されたことになっているので、国家予算の収入の大部分は国営企業収益金であり、予算の増減率によって、前年の工業部門を中心とした経済成長率を推測することができる。つまり予算を発表できない間は、工業も麻痺状態だったことになる。

二〇〇一年には一九九六年以来の「苦難の行軍」の終了がようやく宣言される。

しかし、この頃の経済状態を見ると、GNPは九九年からようやくプラス成長をとげることになったが、それでも絶対額はまだ九四年水準までは回復していない。また九九年には前年に比べて六・二パーセント、二〇〇一年には同三・七パーセントの増加を記録しているが、〇二年には再び一・二パーセントの低水準に戻っている（〈図表11〉）。

韓国銀行の推計によれば、〇二年には天候が良好なこともあって、穀物生産は前年より四・六パーセント増加したものの、鉄鉱石生産は三・一パーセント減（〇一年は一〇・九パーセント増）、電力は五・五パーセント減（〇一年は四・一パーセント増）であった。[52]いずれの部門

〈図表10〉北朝鮮の歳入（決算）

（単位：百万ウォン）

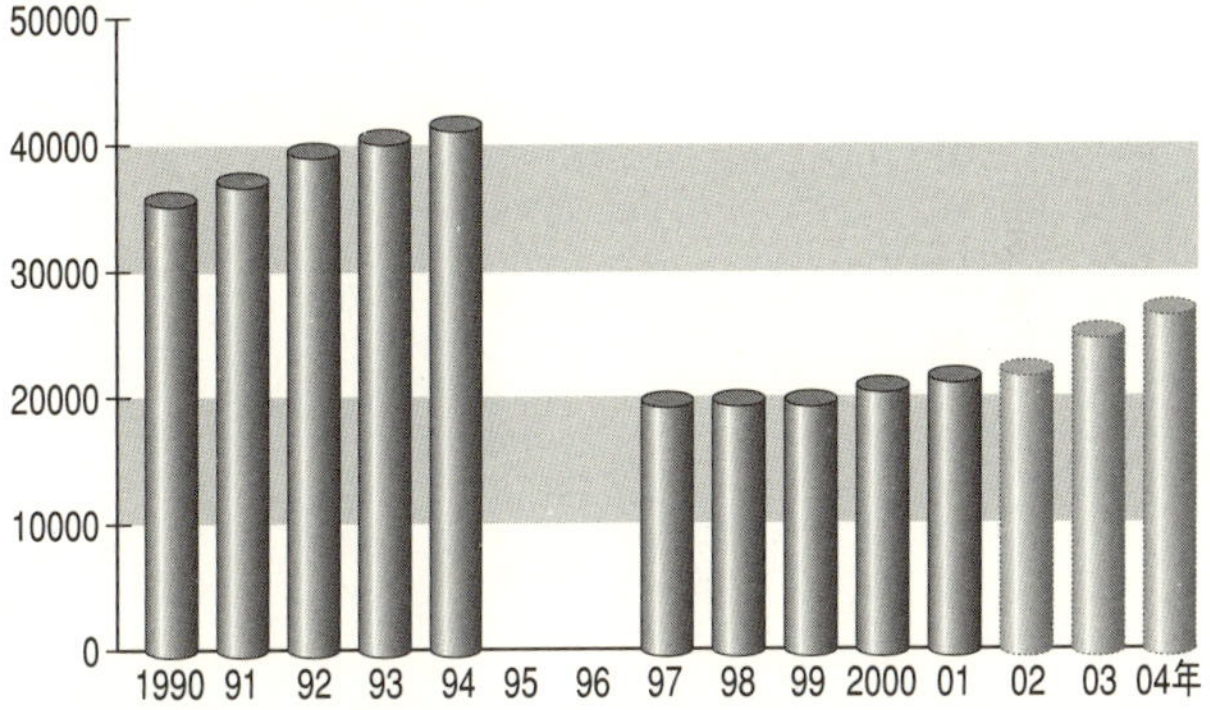

資料）ラヂオプレス『北朝鮮の現状 2004』p.263
注）数値は北朝鮮の公式発表による。1995-96年分は発表なし。2002年から04年は増減率のみの発表。02年に価格改革が行われ、インフレが激しくなったことから、03年以降の名目上の予算規模は実際にはもっと大きくなっているはずである。04年は予算。

〈図表11〉北朝鮮のGNP（国民総生産）

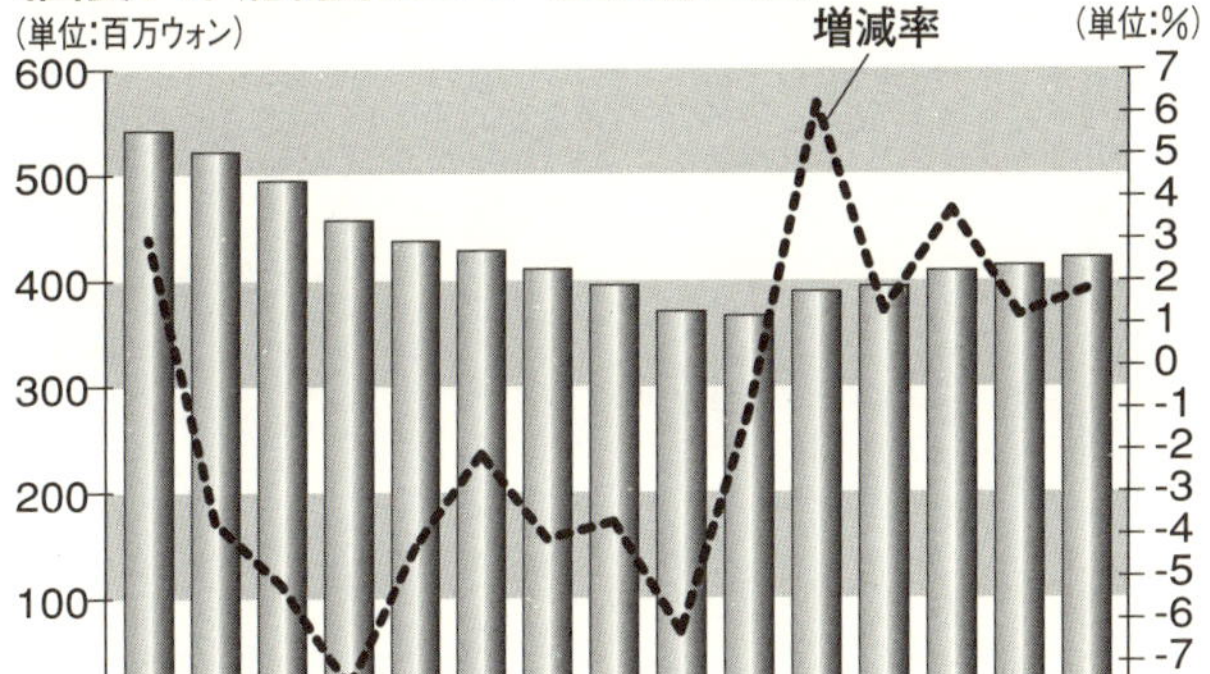

資料）林今淑『朝鮮経済』pp.64-65、韓国銀行
注）1989年までは林によるGNP絶対額の推計値であり、その後は韓国銀行によるGNPの増減率の推計値から計算して組み合わせた。

でもエネルギー不足や機械設備の老朽化が指摘されている。

〈図表12〉は韓国銀行が発表した南北朝鮮の主な経済指標の比較である。

一九六〇年代まで北朝鮮のほうが経済的には豊かであるといわれることもあった。しかし、今では比較にならないほど差が開いてしまったことがわかる。GNI（国民総所得。GNPと等価）において韓国は北朝鮮の三二・九倍、一人当たりのGNIでも一五・五倍である。

このような状況のなか、二〇〇〇年にはイタリアやオーストラリアなどとの国交を樹立するなど、北朝鮮は外交攻勢をかける。そして六月には、南北分断後はじめて金大中韓国大統領と金正日の南北首脳会談が開催された。南北の経済協力についても話し合われたが、北朝鮮の経済をすぐに改善することにはつながらなかった。

〇二年七月には、賃金や物価の引上げをともなう「経済管理改善措置」（以下「措置」）が行われた。しかし第二章でくわしく見てきたように、今のところハイパー・インフレと所得格差の拡大をもたらすだけで、生産の回復にはつながっていない。

同年九月には小泉首相が訪朝した。戦後はじめての日本の首相の訪朝であった。「措置」は日本からの経済援助を見込んだものだったともいわれていた。しかし北朝鮮側が、日本人拉致を認めながらも「八人死亡」と伝えてきたことで、日本の世論は一挙に硬化。国交交渉そのものが暗礁に乗り上げてしまった。

〈図表12〉南北朝鮮の主要経済指標（2003年）

	単位	北朝鮮（A）	韓国（B）	B/A（倍）
人口	1000人	22522	47925	2.1
経済成長率	%	1.8	3.1	——
名目GNI（国民総所得）	10億ウォン（億ドル）	21946.6（184）	722355.8（6061）	32.9
一人当たりGNI	万ウォン（ドル）	97.4（818）	1,507（12646）	15.5
輸出	億ドル	7.8	1938.2	248.5
輸入	億ドル	16.1	1788.3	111.1
エネルギー				
石炭生産	万トン	2230	330	0.15
発電容量	万kW	777	5605	7.2
発電量	億kWh	196.0	3224	16.4
原油輸入量	万バレル	420.7	80481	191.3
農水産業生産				
穀物	万トン	425.2	500.4	1.2
水産品	万トン	83.5	248.7	3.0
鉱業生産				
鉄鉱石	万トン	443.3	17.4	0.04
非鉄金属	万トン	9.4	137.9	14.7
製造業				
鉄鋼	万トン	109.3	4631.0	42.4
セメント	万トン	554.3	5919.9	10.7
肥料	万トン	41.6	331.4	8.0

資料）ラヂオプレス「RP北朝鮮政策動向」2004年第8号　p.12

〇三年には、北朝鮮をめぐる国際情勢が一層厳しさを増すなかで、軍事優先路線がこれまで以上に強調された。財政報告では「われわれを孤立させ、圧殺しようとする帝国主義者らの策動がかつてないほど悪らつに敢行されるという先鋭化した情勢の中で、国の防衛力を強化するために国家予算歳出総額の14・9%を国防費に振り向け[53]」ざるをえない、と厳しい状況認識が明らかにされている。
これは一九九四年の「新年の辞」で北朝鮮が経済の困難を認めたときと、ほぼ同じ言い回しである。米朝の緊張が極度に高まった九四年当時と同じ危機感を有するほど切羽詰まった状況なのであろう。二〇〇三年年頭の三紙共同社説でも、経済分野における国防工業の重視を掲げ、「軍事優先の旗に従って」経済建設で新たな変革を起こすことが呼びかけられている。

〇三年の国家予算から、北朝鮮経済の現状を見てみよう。

三月に開催された最高人民会議で行われた予算案の発表では、〇二年に引き続き、前年に比べた増減率のみが公表され、絶対額は明らかにされなかった。

歳入は一三・六パーセントの増加が見込まれていたが（決算では一四・六パーセント増であった）、これは北朝鮮の工業生産が好転しているからではない。国家企業利益金収入は五パーセント増であり、増収分の多くは後述する人民生活公債からの収入をあてることを見込んでいるのである。

公債の発行で歳入が伸びていることから、これに対応して歳出も前年比一四・四パーセントの伸びを見せている（決算では一二・三パーセント増）。うち北朝鮮経済の最大の隘路《あいろ》であるエネルギー部門への支出では、石炭部門は一・三倍と歳出全体に比べ高い伸びになっており、この部門で傾斜生産を行おうとしている様子がうかがわれるが、電力は一二・八パーセント増で、全体の伸びより低い。これは火力発電所で使用すべき原油もないために予算を増やしようがないためなのであろうか。

詳細は第四章に譲るが、一九九〇年代以降、中ソからの原油供給がかなり減少していた。そのうえ、KEDOから提供されていた重油五〇万トンも、二〇〇二年に北朝鮮がウラン濃縮計画の存在を認めたため、その年の一二月分から供給停止になってしまった。

また〇三年二月には中国が三日間にわたって原油の供給を停止した。中国側は「パイプラインの補修のため」と説明しているが、北朝鮮が寧辺の核施設で実験炉を再稼動させるなど、挑発的行動をやめないことに対し、自重を促す意図があったのではないかと見られている。

なお北朝鮮の原油輸入量は、韓国の二〇〇分の一にとどまっている。[54] KEDOからの重油の提供が止まったままならば、発電量はますます少なくなり、北朝鮮の経済活動はほとんど行えなくなってしまうだろう（ロシアの対朝原油輸出は一〇万トン前後にとどまっていたが、〇三年には四一・三万トンが北朝鮮へ輸出されている）。

国防費は歳出の一五・四パーセントを占め、〇二年に比べ〇・五ポイント増であるが、歳出全体の伸びからするとかなり低く抑えられていることになる。もっとも国防費はほかの費目のなかにも含まれているといわれており、最近では予算規模そのものが小さくなったこともあって、実際には歳出の半分近くが軍事関係の予算で占められているとの説もある。

以上のように北朝鮮は現在、経済的に困難な状況にあることは認識しながらも、なお軍事優先路線をひた走っているわけである。軍隊を強化することでしか、内なる敵と外なる敵を防ぐ術がないからであろうか。

人民生活公債の発行

すでに述べたように、二〇〇三年の予算では、歳入は一三・六パーセント増、歳出は一四・四パーセント増となっていた。伸び率を見れば七九年以来の二桁増であり、一見すると、「経済管理改善措置」が奏功して、経済が回復してきたように見える。しかし「予算収入の基本源泉」とされる国家企業利益金収入五パーセント増、共同団体利益金三・三パーセント増、社会保険料収入六・七パーセント増、土地使用料収入三・七パーセント増と、いずれも歳入の伸びより、はるかに低い数字である。それではなぜ歳入が伸びるのだろうか。この年、人民生活公債が発行されたからである。

人民生活公債とは、「国家が責任をもってその償還を保証する国家信用の形態」であり、〇三年五月から一三年四月末までの一〇年間を有効期間として、五〇〇ウォン券、一〇〇〇ウォン券、五〇〇〇ウォン券を発行する。抽選を行い（計一一回）、当たれば当選金と元金を、はずれても〇八年一二月から、毎年国家予算を反映して一定の金額ずつ、公債の有効期間の満了までにすべて償還する、と説明されている。[55]

当選金がいくらかということは明記されていないので、利率がどの程度になるのかはわからないが、はずれても元金は保証されているわけである。

人民生活公債をどの程度の規模で発行しようとしているのか。

歳入の絶対額は、伸び率から推定するしかないが、二五五億ウォン程度と思われる（〇二年価格で）。人民生活公債が発行されなかった場合、すなわち国家企業利益金収入や共同団体利益金だけだった場合、予算はどの程度の規模になるか。歳入のうち国家企業利益金収入が最大の項目と思われるので、本来の予算の伸びを三〜五パーセントとして計算すると、人民生活公債が発行されなかった場合の予算規模は二三〇〜二三四億ウォンとなる。すなわち公債は二一億〜二五億ウォン程度、予算の八・二パーセント〜九・八パーセントと推測できる。

ただし実際には「措置」の失敗によって、国家企業収益金等が予定どおり徴収できない場合もあり得る。その場合、もっと公債を発行したいという誘惑にかられる可能性も高いであろう。

また実際には二一億〜二五億ウォンという数字に意味はない。〇二年の価格改革によって、実際には通貨価値の切下げが行われているからである。デフレーターがわからないので、名目の予算額がわからない。どのくらいの切下げを行おうとしていたかを、実際に行われたことから推測するのも難しい。

モノの値段は、たとえばコメの販売価格にいたっては五五〇倍の価格になっているし、電力は六〇倍、賃金も炭鉱労働者では三〇倍、公務員では一七〜二〇倍であり、基準値をどのように出しているのかわからない。予算そのものもどのように組まれたのか、果たして正常に財政を運営できているのかさえ、わからないとしか言いようがない。

韓国の研究によると公債の発行は四〇〇億〜五〇〇億ウォンで、予算の一〇パーセントではないかと見ている。[56]それから計算すると予算の名目値は四〇〇〇億ウォンから五〇〇〇億ウォンということになり、伸び率から計算した二五五億ウォンと比べるとインフレ率は一四〇〇〜一八〇〇パーセント前後ということになる。

さらに問題は公債を消化できるのかということと、償還できるのかということである。誰が公債を購入するのか。「『人民生活公債』発行に関する内閣広報」に「人民の崇高な愛国心と公民的自覚に依拠して[57]」と書かれていることからすると、忠誠心の名のもと、強制的に購入させようとしているのであろう。

ハイパー・インフレのもとで「総合市場（闇市場）」を利用して荒稼ぎしている人や、特権階級の人々にとってみれば問題ない金額であっても、ただでさえ蓄えが少ないところにハイパー・インフレに見舞われて、生存をようやく維持しているような人々にとってみれば、なけなしのタンス預金すら吸い取られることになっているのではないか。そもそもタンス預金ですら、ハイパー・インフレのもとではかなり少なくなっていると思われるのだが、購入しなければ忠誠心が疑われ、もっと困難な状況が待ち受けていたのかもしれない。

現在のハイパー・インフレをなす術もなく放置している状況では、五年後に償還するといっても、そのときには公債は紙くず同然になっている可能性もある。反対に国民に対して借金をしている状況で、確信犯的にインフレ状態を作り出す可能性もある（そこまで考えているとは思えないが）。

またこの公債発行によって確保した歳入を経済発展に使うのであれば、国家企業収益金なども増収になり、公債の償還も可能であるが、赤字国債であったり、軍事費に使用されるのであれば、償還そのものも危うくなる。さらに強制的に人々に買わせるうまみを知ってしまうと、毎年発行したいという誘惑にかられ、五年後に償還が始まるときに、借換えのための公債を追加発行しなくてはならなくなるであろう。

北朝鮮経済とは何だったのか

北朝鮮経済はその誕生のときから、齟齬をきたしていた。朝鮮半島が分断されたことによって、バランスの悪い経済運営を余儀なくされたわけだが、さらに朝鮮戦争によって国土は荒廃した。

それでも、戦後しばらくはソ連や中国から供与される援助によって経済建設を行ってきたのであるが、中ソ対立のはざまで不安定な状態が続くこととなった。また重工業偏重路線や軍事優先路線も、正常な経済運営のさまたげになっていた。それに輪をかけたのが、無理な繰上げ・超過達成運動であった。

一九九〇年代になり、中ソ援助は大幅に縮小、追い討ちをかけるように自然災害が多発し、悪化していた経済はさらに困窮度を強めることになった。

悪しき平均主義を改めるべく行われた「措置」も、順序を無視した改革により、逆にハイパー・インフレと所得格差を拡大させてしまった。

資金もエネルギーも絶対的に不足している現状では、生産を回復する手段はほとんどない。しかしそれが直ちに金正日体制の崩壊につながるわけではないことから、大きな変化が起きる可能性も少ないのである。

第四章　北朝鮮経済の現状

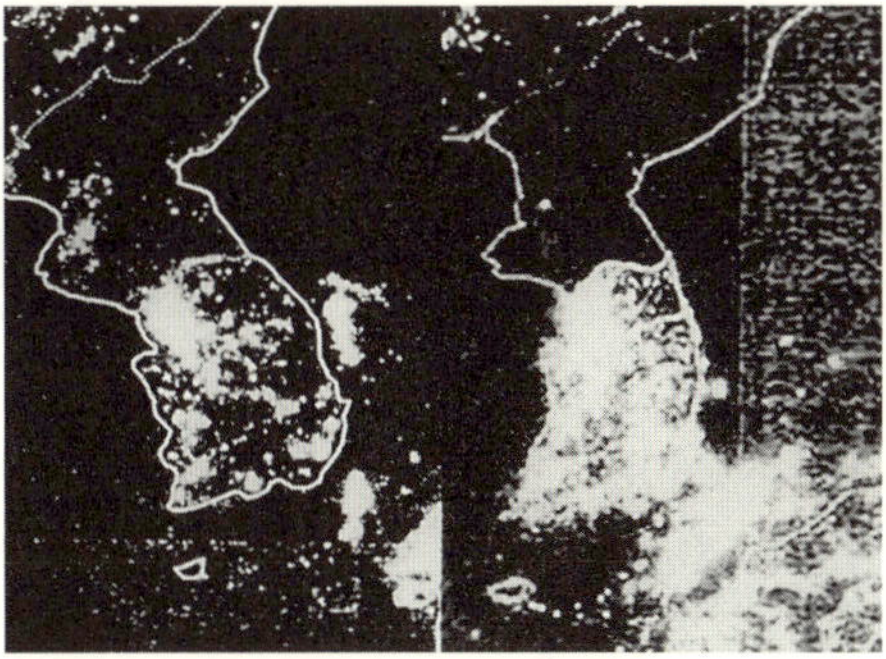

アメリカの商業衛星が撮影した朝鮮半島の夜。左は1986年、右は1996年（時事）

前章まで、二〇〇二年七月の「経済管理改善措置」や北朝鮮経済が内包している問題を見てきたが、この章では、北朝鮮経済の実態を各部門毎に検証する。

1. 不足するエネルギー

中ソからのエネルギー輸入

北朝鮮では原油が生産されていない。北朝鮮の沖合には原油が埋蔵されている可能性もあり、一九八〇年代には沖合油田開発の話もあったが、成功しなかった。現在も韓国が採掘を検討しているとも伝えられているが、膨大な資金がかかり、技術的にも難しいことから、実際に採掘できるかどうかは未知数である。

そのような北朝鮮に、長年にわたって、石油や原油の供給をしてきたのが、主にソ連と中国であった。

ソ連からの輸入量は七〇年代には一〇〇万トンを超えることもあった。ただし、ソ連を頂点とした社会主義国の経済の分業体制も含むコメコン（経済相互援助会議）の成員でなかった北朝鮮は、貿易でも不利な扱いを受けることがあった。

たとえばソ連の原油の対朝輸出価格を見ると、七五年まではトン当たり二四ルーブルだったものが、翌七六年には四一・二ルーブルと、一挙に七〇パーセント以上の値上げが行われている。その後しばらくソ連の統計から輸入量の記載がなくなり、大幅な値上げをしたものと思われていた。実際、八六年に再び記載された輸入量から計算すると、トン当たり一七四・七ルーブルにもなっていた。

ソ連は国際価格を参考にして石油価格を決定していたのであるが、ソ連との「友好度」によって輸出価格は異なっていた。たとえば、八九年の原油の対朝輸出価格はトン当たり一一四・八ルーブル（公定レートで計算するとバレル当たり二二・三ドル）であったが、同じ年、東独へは一〇七・四ルーブルで輸出されていた。

ソ連との友好度の低い北朝鮮は、コメコンに加盟する東欧諸国などに比べれば高い価格で原油や小麦を輸入せざるをえなかったが、まとまった量を輸入することができ、経済的には不可欠なものであった。ただしその数量も原油で見た場合、八七年八〇万トン、八八年六四万トン、八九年五一万トン、九〇年四一万トンと減少を続け、ソ連が崩壊した九一年にはさらに前年の一〇分の一となった。

一方、中国からの原油の供給は、七一―七六年重要物資相互供給協定に則って開始された。七六年には朝中友好パイプラインも完成し、年間一〇〇万〜一五〇万トンの輸入が行われるようになった。こちらは国際市況価格の七分の一から三分の一（バレル当たり四〜五ドル）の友好価格である。

しかし中国も改革開放政策に転換して以降、高度成長が続くなかで国内の原油消費量が増大したこと、さらに大慶油田などの主要な油田が老朽化して増産が見込めないことから、原油や石油製品の純輸入国となり、輸出余力そのものが減少していった。そのため北朝鮮への輸出も九〇年代には減少し始める。

なおかつ北朝鮮への輸出価格は、九一年以降、かつての友好価格から国際価格へと切り替えられた。九〇年にはバレル当たり七・八ドルであったものが、九一年には一七・一ドルに、二〇〇〇年には二六・三ドルにもなっている。

ＫＥＤＯの重油供給とその停止

このほかに、一九九五年に設立されたＫＥＤＯ（朝鮮半島エネルギー開発機構）による毎年五〇万トンの重油供給が始まった。本来、ＫＥＤＯが提供する軽水炉型原子力発電所が完成するまでの間、この供給が続けられるはずであった。

しかし二〇〇一年の九・一一テロ事件の後、米国がイラク、イランと並んで北朝鮮を「悪の枢軸」と非難し、北朝鮮に対して厳しい姿勢をとるにつれ、北朝鮮側も再び「瀬戸際外交」で応酬するようになった。

〇二年一〇月米国大統領特使のケリー国務次官補が訪朝した際、北朝鮮側は核兵器開発計画が継続していることを認めた。これを受けてKEDOは一一月一四日にニューヨークで理事会を開き、北朝鮮が計画を放棄しない限り、米朝枠組み合意に基づく北朝鮮への重油提供を同年一二月から凍結することを決定した。それ以降、KEDOの枠組みそのものは継続しているものの、重油の供給停止は現在も続いている。

北朝鮮は現在、どの程度の原油供給を確保しているのであろうか。

先に見てきたように、北朝鮮は一九八〇年代まではソ連から五〇万～一〇〇万トン、中国から一〇〇万～一五〇万トンを輸入していた。ところがソ連崩壊後はロシアからは一〇万トン前後の輸入にとどまった。中国からの輸入は九六年までは一〇〇万トン前後であったが、九七年以降、五〇万トン前後にとどまっている。

したがって、八〇年代までは北朝鮮は二〇〇万～二五〇万トン程度の原油（消費レベルも同程度）を輸入していたが、九〇年代後半には一〇〇万～一五〇万トンに減少したことになる。

二〇〇三年はKEDOからの供給は止まっているが、かわってロシアが四一・三万トンの石油製品を供給、中国も五七・四万トンの原油と一二・五万トンの石油製品を輸出していることから、かろうじて北朝鮮は一〇〇万トンレベルを確保したことがわかる。〇四年には、中国が五三・二万トンの原油と一二・八万トンの石油製品、ロシアが五〇・五万トン（一〜一一月）を北朝鮮に輸出している。

減少する石炭生産

石炭は、北朝鮮では比較的豊富な資源である。その埋蔵量について、国連は七五億トン、韓国統一院は一五〇億トンと各々推定している。しかし韓国統一院の推定によれば、一九八九年には四三三〇万トンを記録した石炭生産量も、九八年には一八六〇万トンにまで減少している[1]。北朝鮮の経済計画における石炭の採掘目標は、八四年に七〇〇〇万〜八〇〇〇万トン、九三年には一億二〇〇〇万トンであったことからすると、実際の採掘量は目標にはるかに及ばなかったことになる。

石炭、石油といったエネルギーの不足から発電量が減少し、電力不足から機械が動かず（機械の老朽化もすすんでいる）、食糧不足で十分な食事もできない労働者も重労働である採掘の現場に行きたがらない。そのため石炭の採掘がすすまず、ますます電力が不足する、という悪循環に陥っているのである。

老朽化する発電所と送電システム

日本が建設した虚川江《ホチョンガン》水力発電所（両江道《リャンガンド》）など、日本統治下の一九四四年には朝鮮半島全域に二〇〇ヵ所余の発電所があった。うち九〇パーセントは水力発電所で、全発電能力は九八・八万ｋＷ、総発電量は六六億ｋＷｈであった。[2]ところが朝鮮戦争による破壊のために、朝鮮戦争が停戦された五三年の北朝鮮の総発電量は北部で一〇・一七億ｋＷｈにまで減少してしまっていた。

その後、経済復興三ヵ年計画および五ヵ年計画期には水豊《スプン》（平安南道）、長津江《チャンジンガン》（咸鏡南道）、虚川江および赴戦江《プジョンガン》（咸鏡南道）などの発電所が修復され、さらに新たな発電所が建設された。七〇年代前半まで、発電設備容量でみると、水力／火力はおよそ七／三の割合であった。

現在、経済危機が続くなかで、発電量の低下も深刻な状況となっている。韓国の推計によると、石炭不足と原油輸入量の減少によって、総発電量は八九年の二九二億ｋＷｈをピークとして、減り続けている。六五年には韓国の四倍であった北朝鮮の発電量は、九六年には韓国の一〇分の一にまで減少し、以後もその差は拡大している。水力発電所についても、施設の老朽化という問題があるうえ、季節によって流量が異なるために、発電量は不安定である。

また、鴨緑江に建設された水豊発電所は、中国と共同で使用されていたが、北朝鮮側が電力料金を払わないため、現在中国側は北朝鮮への送電を止めているという。

漏電の問題も深刻のようだ。一般的には送電する際に太い電線で高圧を使って行えばロスが少ないのであるが、北朝鮮の場合、細い電線で発電所から工場や企業に送電しており、しかも電線の老朽化がすすんでいるために、この送電の段階ですでに七〇パーセントのロスが生じているという。その後、利用者の手元にくるまでにさらにロスがふえていく。また電柱やトランスがないことから、地域全体がいわばタコ足配線のようになっている。そのうえ電線の多くが地中に埋設されているために、老朽化は地上に配線されるよりもさらに早い[3]。

金正日は九八年に慈江道《チャガンド》を視察した際に、同地での小型発電所建設の成功を見て、全国各地に小型発電所を積極的に建設するようにとの指示を出した。裏を返せば、もはや国家レベルで電力問題を解決することはできないということだろう。

南北首脳会談の後に韓国からの送電も検討されたが、送電システムそのものが南北で異なっていることから、韓国側も送電システムの建設までは負担できないとしていた（ただし、二〇〇五年三月に、韓国土地公社などが建設した開城工業地区への送電が始まった）。

このように、北朝鮮のエネルギー不足は深刻である。このため、工場の稼動率も二〇～三〇パーセントといわれるほど落ちており、それがまた北朝鮮の経済を悪化させている。工場の稼動率が下がれば、農業用の資機材も生産できず、食糧生産も回復しないという、まさに悪循環に陥っているのである。

さらに原油不足は、「先軍政治」のスローガンの下で優遇されているはずの軍の活動すら阻害しており、航空機燃料の不足から空軍の飛行訓練もほとんどできていないとも伝えられる。

2. 厳しい農漁業生産

厳しい自然条件

北朝鮮は一二万平方キロの国土を有している。これは朝鮮半島の面積の五五パーセントにあたるが、その七五パーセントは山地であり、耕作地は国土の一六パーセントの一九九万ヘクタールである。うち穀物の栽培面積は一四六・六万ヘクタールであり、韓国の一三四・二万ヘクタールよりは広いが、韓国は穀物栽培面積のうち六割が水田であるのに対し、北朝鮮の水田面積は三割にすぎない。

そのため耕地の拡大は北朝鮮にとって至上命題であるのか、金日成は朝鮮戦争のさなかの一九五二年に早くも、戦争が終わったら直ちに干拓を行うように指示していた。その後も三〇年以上にわたってくり返し干拓と棚田造成を説いている。

六八年に、金日成は、北朝鮮には海水をせき止めるための石材も豊富にあり、「海面干拓の条件は非常に有利で……（穀物栽培面積の三分の一に相当する）五十万ヘクタール以上の干拓地を造成することができます[4]」と述べている。さらに「鋼材を少々輸出できないことがあっても、干拓地建設に必要な機械設備を生産する部門には、正常に供給しなければなりません[5]」とも述べており、耕作地の拡大をなんとしても優先すべき事柄と考えて力をいれていたことがわかる。

農業政策の失敗

食糧（穀物とイモ類など主食となる作物のこと）生産を増やすために、「主体農法」の一環としてトウモロコシの密植も指示された。一般的には一ヘクタール当たり四〇〇〇〇株が植えられるのに対し、北朝鮮では六〇〇〇〇株が植えられていた[6]。

このように科学的合理性を欠いた指示のため、一九七〇年代にはすでにトウモロコシの結実は少なくなっており、そのうえ栄養の少ない白っぽい粒になっていたのだが、八〇年代なかば以降、化学肥料や農薬が不足するにおよび収穫量はさらに減少した。もともと自然条件が厳しいために管理がうまくいっても収穫量を増加させることは難しいのだが、まして科学的合理性を欠いた方法では、たとえ天候に恵まれていても収穫量をあげることはできない。

最近では多毛作も奨励されている。北朝鮮は平均気温も低く、無霜期間も一五〇〜一八〇日と短い。このため客観的に見れば一年一作にならざるをえないはずである。自然条件を無視しても食糧生産を拡大することが悲願なのであろうが、多毛作によってさらに地力が失われていることは、想像に難くない。

また全国的な棚田造成の奨励によって、自然環境を悪化させたが、さらに外貨獲得のために大挙して砂金を採取したり、松茸をとったりしたことも山地の環境破壊につながった。(7)

これに加えて、九〇年代以降は深刻なエネルギー不足により農業機械を動かすことができず、あるいは新たに製造することもできない状況が続いている。また、工場の稼動率の低下によって化学肥料の生産も落ち込み、適切な施肥ができなくなっている。

八九年の時点で、北朝鮮の化学肥料の「生産能力」は、三五一万トンであった。しかし実際に生産できたのは一六五・八万トンにすぎず、九六年にはこれがさらに九五・六万トンにまで減少した。このためヘクタール当たりの施肥量は〇・五トンにすぎず、化学肥料の不足によって、施肥が十分である場合に比べて五五パーセントもの減産になっている。(8)

しかも飼料不足のために農耕用牛馬も少なくなり、深耕もできない。北朝鮮の農業の生産効率は六〇年代の水準にまで戻っている状況である。(9)

外国からの化学肥料の援助もあるが、絶対量が不足しているなかで、最近では「堆肥の山はすなわちコメの山だ」という金正日の言葉を「労働新聞」が伝えている。それによれば「化学肥料ではなく堆肥で農業を営んでこそ穀物の収穫を増やすことができる」とすら言わなければならない状況なのである。[10]

かつて金日成は「人民に食糧を十分に供給せずには社会主義・共産主義を成功裏に建設することはできず[11]」「米はすなわち共産主義である」とくり返し語ってきた。九〇年代に至っても金日成の「新年の辞」は「すべての人がともに白米と肉スープをすする」ことを目標として語っている。もともと農地に恵まれていなかった北朝鮮において、それだけ「食」の問題は切実だったのだが、非合理な政策によって、結局は最低限の食の問題も解決できなかったのであった。

不足する食糧

一九八四年に終了した第二次七ヵ年計画で、北朝鮮は穀物を一〇〇〇万トン生産したと発表したが、それ以降公式発表を行っていない。一〇〇〇万トンという数字自体は当時から過大な数字であると思われていた。

ＷＦＰ（世界食糧計画）／ＦＡＯ（食糧農業機関）の推計によれば九〇年以降の食糧生産は〈図表13〉のとおり推移している。九四年までは北朝鮮の報告に基づいた数字であるためか、

〈図表13〉北朝鮮の食糧生産　（単位：千トン）

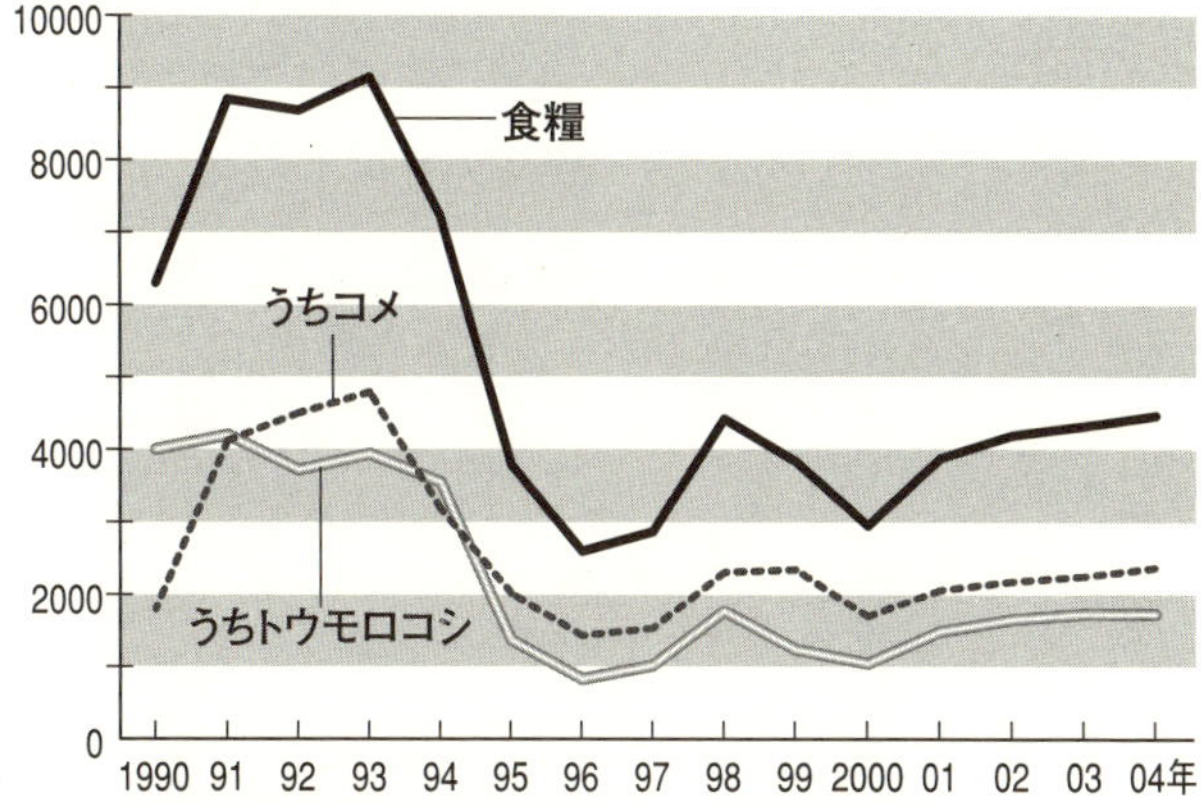

資料）FAO（食糧農業機関）日本事務所ウェブサイト「FAO統計データベース」
注）1994年までは北朝鮮の報告によっているので、過大な数字となっている。

かなり過大と思われる生産量となっているが、九五年以降は現地調査を踏まえているので、現実的な数字となっている。

食糧生産の落ち込みは、今まで見てきたように、無理な密植による地力の低下、化学肥料の不足、そして九〇年代に続いた自然災害などが大きな原因となっている。

とくに、長年拡大をはかってきた耕地が大きな被害を受けた自然災害の影響は大きかった。九四年の雹害では一七万ヘクタール、九五年の水害では一一九・五万ヘクタール、九六年の水害では二八・九万ヘクタール、九七年の干害では四七万ヘクタールが被災した。[12]北朝鮮の全耕地面積が一九九万ヘクタールであることを考えれば、打撃の大きさがわかるだろう。これらは無謀な自然改造が生み出した「人災」の側面もある。加えて、復旧作業をしようにも燃料不足から機械を使うことはままならず、生産態勢は壊滅的な打撃を被ることとなった。

九八年に北朝鮮の政務院農業委員会農産局の車麟錫《チャリンソク》副局長が中国の新華社に語ったところによれば、九七年の食糧総生産量は二六八・五万トンで、加工後で二一四・八万トン。種子・飼料用などの固定需要をさしひくと、九七年九月末時点で、全国の食糧倉庫には一四二・二万トンしか備蓄されていなかったという[13]。

一方、配給量から必要量を考えてみると、次のようになる。

一日の配給量は年齢に応じて決められており、〇〜一五歳は五〇〇グラム、一六〜六四歳で七〇〇グラム、六五歳以上が六〇〇グラムとされている。これにそれぞれの人口数をかけると、全国での年間必要量は五二〇万トンになる。家畜飼料用は二〇〇万トン程度であり、合計すると七二〇万トンとなる。

ＷＦＰ／ＦＡＯが推計した生産量と比較してみると、生産量がもっとも少ないと思われる九六年では四六〇万トンの不足となり、もっとも多いと推計されている九八年でも二七八万トンが不足していることになる。

なお車副局長は同じ記事のなかで、食糧の最低必要量を四〇二・二万トン（九八農業年度、九七年一〇月—九八年九月）としたうえで、現状では六〇パーセント以上不足していること、現在一人当たり食糧は一日平均一八〇グラムにしかならないと述べ、さらに食糧用穀物はもちろんのこと、種子や化学肥料についても国際社会からの援助を必要としていると訴えていた。

北朝鮮では、八〇年代から「一日二食」運動をしなくてはならないほどの食糧不足が続いていたが、九〇年代なかば以降、深刻な食糧不足によって数十万人とも三〇〇万人ともいわれる人々が飢餓によって死んでいったと伝えられている。

二〇〇一年以降は、自然災害がなかったことと、化学肥料の支援があったことなどから、食糧生産は回復傾向にある。〇三年六月に闇市場が「総合市場」として公式に認められ、食糧の販売が可能となった。これによっても生産意欲があがったものと思われる。

穀物の供給が不足するなかで、「ジャガイモ革命」なるスローガンも登場している。

一九九八年一〇月に金正日が両江道大紅湍《テホンダン》郡の現地指導を行った際に「ジャガイモ農業で画起的な転換を起こす」「ジャガイモは白米と同じである」と語って以降、北朝鮮ではジャガイモ栽培が奨励されるようになった。九九年元日の三紙共同社説でも「ジャガイモ生産で革命を起こ」すようにとの呼びかけがあった。

しかし二〇〇二年のヘクタール当たりの収量は、韓国の二七〇〇トンに対し、北朝鮮では九五トンと少なく、ほかの食糧生産と同様の問題を抱えている。[14]〇三年にもジャガイモ革命の掛け声は続いているが、栽培面積も収穫量も二〇〇〇年以降頭打ちとなっている。

食糧の輸入と援助

食糧不足を補うために、北朝鮮は厳しい外貨事情のもとでも食糧輸入を行わなくてはならなかった。FAOの推計（〈図表14〉）によれば、一九九〇年には六〇万トン、九一年には一五七万トンの穀物を輸入している。当時、とくに自然災害があったとは伝えられていないことからすると、この頃にはすでに平常の天候であっても必要量を満たす食糧生産ができなくなっていたことがうかがわれる。

一部は備蓄用に回されていた可能性もあるが、債務問題に悩んでいた北朝鮮にとって、一・八億ドル（九一年）であってもかなりの負担であったと思われる。緊急物資以外の輸入が厳しく制限されていたなかで、人々の胃の腑に納まってしまえば終わりという食糧を、これほど輸入しなくてはならなかったのは、事態がそれだけ悪化していたことになる。

ところが、雹害によって凶作であったはずの九四年には食糧輸入は減少している。これは、ロシアや中国との貿易でもハード・カレンシー決済となり、外貨不足がさらに深刻になったことから、食糧を輸入する余力がなくなったためである。そのうえ、第一章でも述べたとおり、同じ年に中国が食糧減産となり輸入を大幅に拡大したことと、それによる穀物の国際相場の高騰が、北朝鮮をさらなる窮地に追い込んだのである。

〈図表14〉北朝鮮の穀物輸入

（上段：数量：千トン、下段：金額百万ドル）

	小麦	コメ	トウモロコシ	小麦粉	計
1990年	300	27	264	—	596
	45	7	40	—	92
1991年	1175	146	247	2	1571
	118	34	32	1	184
1992年	166	315	587	61	1154
	17	80	90	19	206
1993年	439	200	876	40	1585
	57	45	122	10	236
1994年	258	56	244	10	573
	26	11	34	3	74
1995年	100	587	110	140	1010
	11	180	18	42	255
1996年	216	340	85	333	1107
	24	112	15	98	249
1997年	57	327	654	272	1468
	7	108	109	74	306
1998年	200	514	596	135	1507
	27	135	84	33	281
1999年	473	250	406	42	1195
	91	75	51	8	226
2000年	600	795	722	131	2299
	91	111	50	23	275
2001年	700	684	526	100	2051
	75	110	50	13	249
2002年	400	834	408	132	1825
	46	86	39	11	182
2003年	435	803	323	98	1725
	43	86	24	9	166

資料）FAO（食糧農業機関）日本事務所ウェブサイト「FAO統計データベース」

注）計の数字にはその他の穀物も含まれており、また四捨五入のため累計があわない場合もある。

〈図表15〉北朝鮮の食糧生産と援助　（単位：千トン）

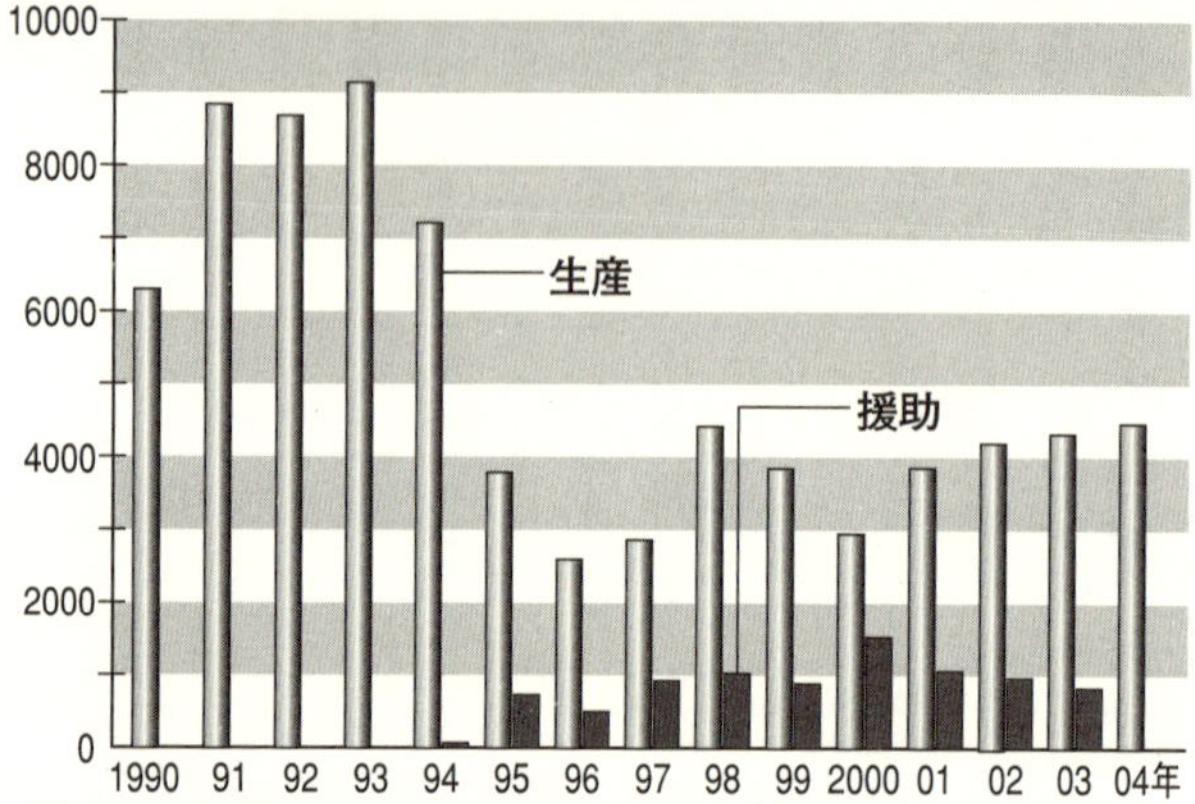

資料）FAO（食糧農業機関）日本事務所ウェブサイト「FAO統計データベース」
注）2004年の援助量については未集計。

九五年の大洪水をきっかけに、北朝鮮は国際社会に対して公式に食糧援助を要請するようになった。〈図表15〉はＦＡＯが集計している北朝鮮の食糧生産量と援助受入量である。

二〇〇〇年には生産量二九五万トンの半分以上にのぼる一五四万トンの援助を受けているが、これでようやく最低必要量に達しているにすぎない。

食糧援助が毎年必要になっていることから、援助供与国にはもはや援助疲れの様相が見え始めている。それに加え、北朝鮮の核疑惑や「援助食糧がきちんと配給されているか」「闇市場に流れているのではないか」「軍隊への配分を優先しているのではないか」という疑念によって、〇二年にはＷＦＰが呼びかけた量の援助食糧が集まらないという事態も起こっている。

挫折した農業改革の試み

北朝鮮も何の対策も講じなかったわけではない。事態の打開をはかろうと、一九八〇年代末、中国における請負制に類似した「家庭農場」を試みた。

中国の請負制は、七七年より一部地方で行われていたが、七八年に改革開放政策が正式に開始されてからはまたたく間に全国的に普及した。請け負った仕事の余剰分が個人の収入となるというこの制度は、農民たちの「やる気」を引き出し、中国は農業生産を拡大することに成功した。

しかし北朝鮮では、労働力が多い家庭と不足している家庭との収入格差が拡大したために家庭農場の試みは長く続かなかった。

中国でも「万元戸」(農家の平均収入は八五年で五四七元であったが、そのような時代に一万元の収入がある農家があったことからこのように呼ばれた)や「紅眼病」(ねたみ病)という言葉があるように、収入格差は拡大した。ただし全体的に収入が増加したことや、インセンティブが働いて食糧生産量が急激に拡大するというプラスの効果のほうが大きかったことから、マイナス面が強調されることはなかった。「万元戸」はむしろチャイニーズ・ドリームの象徴ともなった。農村の収入格差は農業での収入による格差というよりも、農村で工業などの副業を営む郷鎮企業が成功したか否かによる場合が多かった。このため、いかに儲けられる郷鎮企業を設立することができるかどうかが、村長の腕の見せどころとなった。

九四年には、北朝鮮では中国的な改革と逆行するような動きさえあった。「協同農場」（集団所有制）は全民所有制（国有）に向かう過渡期の形態であるという金日成の路線に基づいて、農場の国営化が試みられたのである。平壌市内の八つの協同農場を国営農場に編成しなおし、また粛川《スクチョン》郡の二〇の協同農場が粛川郡農業連合企業に改組された[15]。しかし生産量が増加しなかったためか、これらの形態は全国的には広がらなかった。

九六年には再び生産単位を相対的に小さくする試みが始まった。この年「協同農場分組管理制運営改善措置」が公布され、九七年より実施されることになった。その内容は①最小生産単位である「分組」を、それまでの二〇〜二五人単位から七〜八人にする、②生産ノルマを低くする。毎年の生産ノルマは、収穫量が非常に少なかった九三―九五年の平均収穫量および八三―九三年の平均収穫量をもとに、加重平均した量の九〇パーセントとする、③超過生産部分について分組員が自ら処分でき、農民市場で販売することもできるようにする、というものである[16]。しかしこれも全国的には普及しなかった。

結局中国的な請負制は、北朝鮮では根付かなかったといえよう。

中国と異なり、北朝鮮の場合は優良種子や化学肥料、農業機械もなく、物的インセンティブすら与えられないような状況であり、生産単位を大きくしようが小さくしようが「改革の成果」を出すことは難しく、生産体制の改革以前の問題が大きくたちはだかっているのである。

二〇〇三年六月から総合市場での食糧の販売が合法化されたことで、インセンティブ・システムが少しは働くようになるかもしれない。しかし化学肥料を使用できる者とそうでない者、農機具を使用できる者とそうでない者など、収入格差は確実に拡大していこう。

漁業

北朝鮮は水産資源に恵まれた国である。

二〇〇四年の日本の北朝鮮からの輸入の四三・五パーセントは魚介類である。中国でも、北朝鮮からの輸入のうち魚介類が四四・七パーセントを占め、中国の延辺朝鮮族自治州の自由市場などでは、北朝鮮から輸入されたサカナの干物などを多く見かける。朝鮮半島の東海岸沖では暖流と寒流がぶつかっており、もともと天然の漁場であった。

一九六〇年代には遠洋漁業にも力が注がれていた。六五年の段階では北朝鮮の漁獲高は韓国のそれを凌いでいたが、ほかの部門と同様、燃料不足や漁船の老朽化により、漁獲高は八五年をピークに減少している。(17) それでも魚介類は北朝鮮にとって今も貴重な外貨獲得源なのである。

3. 対外貿易の現状

ボーダ〝フル〟エコノミー

ヒト、モノ、カネ、情報があたかも国境なきがごとくに行き来する現代世界のなかで、北朝鮮は、世界との交流を厳しく制限している。

一九八〇年代まで、北朝鮮はソ連や中国など社会主義国を中心に貿易を行っていた。ソ連が四～五割、中国が二～三割、日本が一割程度を占め、そのほかは東欧およびアジア諸国という内訳であった。社会主義国との間ではバーター貿易が行われていた。

しかし九〇年代に入ると、最大の貿易相手国であったソ連の崩壊により、貿易規模は縮小していった。現在では中国と韓国とが二大貿易相手国であるが、中国との貿易では極端な輸入超過であり、北朝鮮の貿易全体としても輸入超過傾向が続いている。

さらに経済が悪化するにつれて、輸出するための品目も生産することができなくなり、外貨を稼ぐこともままならない。そのため、生産に必要なエネルギーなどの輸入も縮小せざるをえず、それがさらに生産を縮小させるという悪循環に陥っている。

八四年には合営法を公布、その後いくつかの開発区や経済貿易地帯を設立したが、資本とともに情報が流入することを嫌ってか、北朝鮮は外資導入には消極的であり、本格化しているとは言い難い。現状では、モノの移動もカネの移動も、きわめて小規模にとどまっている。

また、情報が瞬時に地球の裏側まで届くような現代の世界にあって、北朝鮮では国内での情報の流通さえ統制されている。ラジオのチューナーは固定されており、相互監視社会のなかで、噂話すら自由に語ることができない情報統制社会なのである。

そうしたなかでも、朝中国境地帯では中国製の携帯電話を使って貿易交渉などの情報のやりとりが行われていたようであるが、二〇〇四年の携帯電話の没収命令以降、それも不可能になっていると思われる(この命令は、〇四年四月に北朝鮮龍川《リヨンチヨン》で起こった列車爆発事故の情報が、携帯電話を使って中国から世界に広まったことに危機感を持ったためとも伝えられている)。

人の移動は、国内ですら制限されており、まして海外への渡航は、ごく一部の階層の人のみである。脱北者が多いといっても、二万人から一〇万人程度で、人口の一~五パーセントにすぎず、もちろん合法的な渡航ではない。また海外から北朝鮮への渡航にも制限が多い。

北朝鮮経済は、ボーダレスにはほど遠いボーダ〝フル〟な経済なのである。

〈図表16〉北朝鮮の対外貿易　（単位：百万ドル）

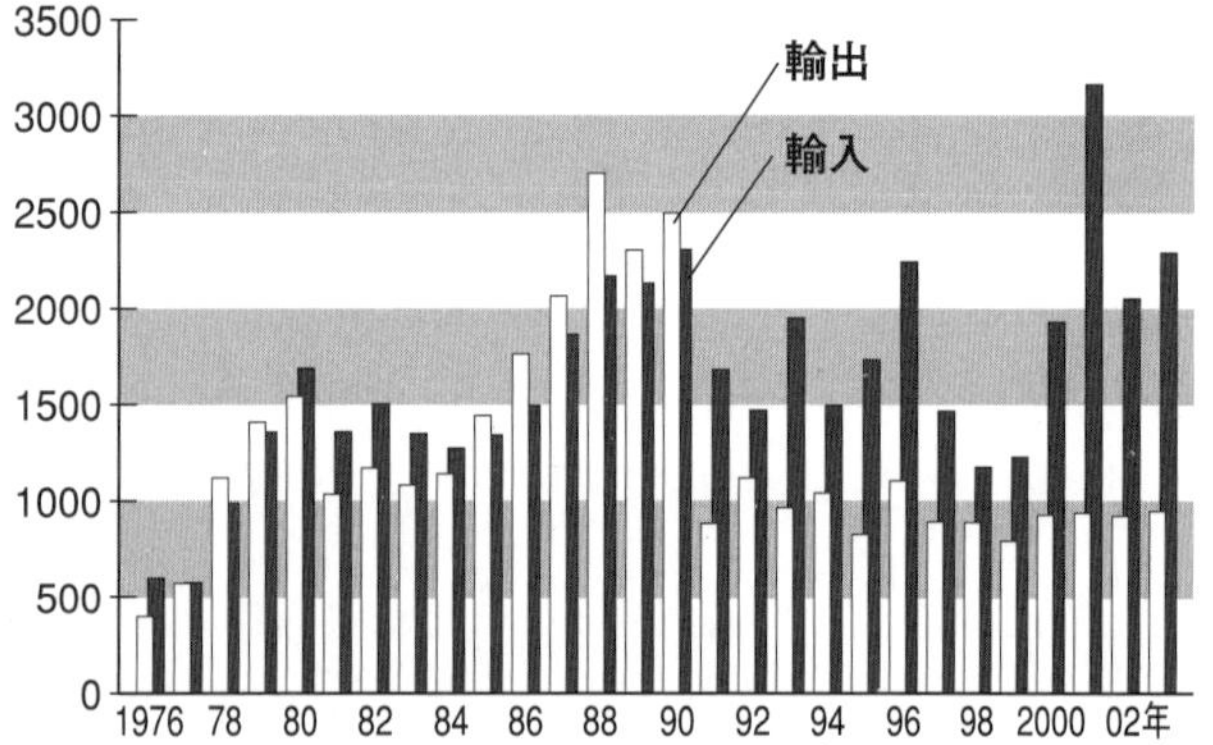

資料）IMF Direction of Trade 各年
注）Direction of Tradeには1992年まではソ連が、77年までは中国が含まれていないので、各々『中国経済年鑑』1982年版と『ソ連貿易統計年鑑』各年版の数字を加えている。

最大の貿易相手国は中国

〈図表16〉は北朝鮮の対外貿易の推移を示したものである。これにそって、北朝鮮の貿易の流れを見ていこう。

一九七〇年代なかば、西側諸国との貿易が一時拡大したが、前述した債務問題によって、その後急速に縮小していった。

八〇年代の後半には、ソ連との貿易で一時的に輸出超過を記録していることから、貿易全体にもその傾向が出ている。ただ北朝鮮の場合、ほとんどの年で輸入超過となっており、ソ連崩壊後の九一年以降、貿易規模の縮小にもかかわらず、依然として多額の輸入超過が見られる。

九〇年代になると、中ソとの貿易の決済に

ハード・カレンシーが必要になり、外貨の少ない北朝鮮は大幅な貿易縮小を余儀なくされた。そのうえ、九一年に誕生したロシアとの貿易がソ連時代の七分の一に激減してしまった。小麦や原油などの生命線ともいえる物資、あるいは機械設備をソ連からの輸入に頼っていたため、この対ロシア貿易の減少によって、北朝鮮経済は一層悪化していったのである。

現在では、北朝鮮の対外貿易の五割程度を中国との貿易が占めており、韓国、日本がそれに続いている。中国からの原油や食糧が北朝鮮経済の命脈を握っているので、中国の北朝鮮への影響力は絶大だという見方がある。一方で、中国にとっては、対朝貿易は貿易全体の〇・一パーセント程度にすぎない。相手国としてはコンゴより小さい規模であり、中国にとって北朝鮮は輸出では五八番目、輸入では五五番目の相手国にすぎない（二〇〇四年現在）。

その中国との貿易はどうなっているのか。

八〇年代までの朝中貿易では、北朝鮮からは水産物や鉱産品、比価の高いコメを輸出し、中国からは機械設備、食糧、原油などが輸出されていた。

しかし、北朝鮮経済の悪化とともにその構造に変化が現れた。まずコメの輸出がなくなり、鉱産品の輸出も減少していった。北朝鮮からの輸入が極端に少なかった二〇〇〇年には、中国の対朝輸出は輸入の一二・一倍もあった。〇二年になると、前年の〇一年と比較して中国の輸出が若干低下したのに対し、北朝鮮の水産品や石灰などの鉱物燃料、紡織品の輸出が回復したので、中国の対朝輸出は輸入の一・七倍になった。ただし、食糧と原油の中国からの輸出量は、八〇年代に比べて半減している。

北朝鮮向けの穀物輸出は、〇一年には四六・五万トンであったが、〇二年には二一・九万トンまで減少している。この年の中国の穀物輸出総量は、一四八二万トンと前年比六九・三パーセント増となっており、この対朝輸出の減少が中国の不作によるものではないことがわかる。〇三年は三四・九万トン（うちトウモロコシが一三・六万トン）まで回復した。

価格についても北朝鮮には厳しい状況が続いている。大災害によって北朝鮮がもっとも食糧不足に陥っていた九五―九六年、中国の食糧減産という国内事情の影響から、穀物の国際相場が高騰したことはすでに述べた。北朝鮮はわずかな外貨で高いコメを輸入しなければならなかったのである。

九七年以降、中国の対朝食糧輸出量は回復しているが、対朝輸出価格が対世界の平均輸出価格より高くなっている年も多い（〈図表17・18〉）。この乖離幅はコメにおいてとくに顕著である。質がよいものなので価格も高いということもありうるが、量を確保しなければならない北朝鮮が高いコメをわざわざ輸入しているとは考えにくい。

原油の対朝輸出は、〇一年に五七・九万トン、〇二年に四七・二万トン、〇三年には五七・四万トン、〇四年には五三・二万トンと推移しているが、その数量は九〇年代前半に比べ、大

〈図表17〉中国のコメ輸出

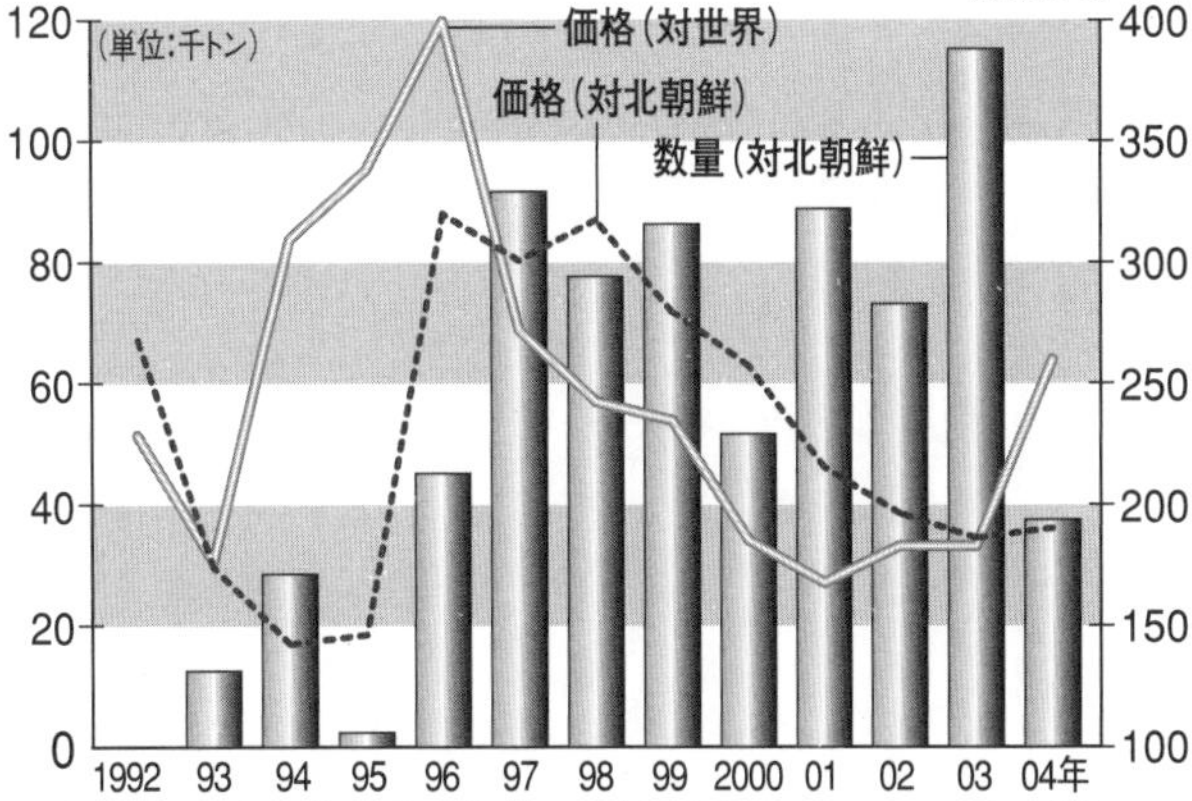

資料）1992～94年は『中国海関統計』、95年以降はWorld Trade Atlas（GTI社）
注）右の目盛りはトン当たりの価格。

〈図表18〉中国のトウモロコシ輸出

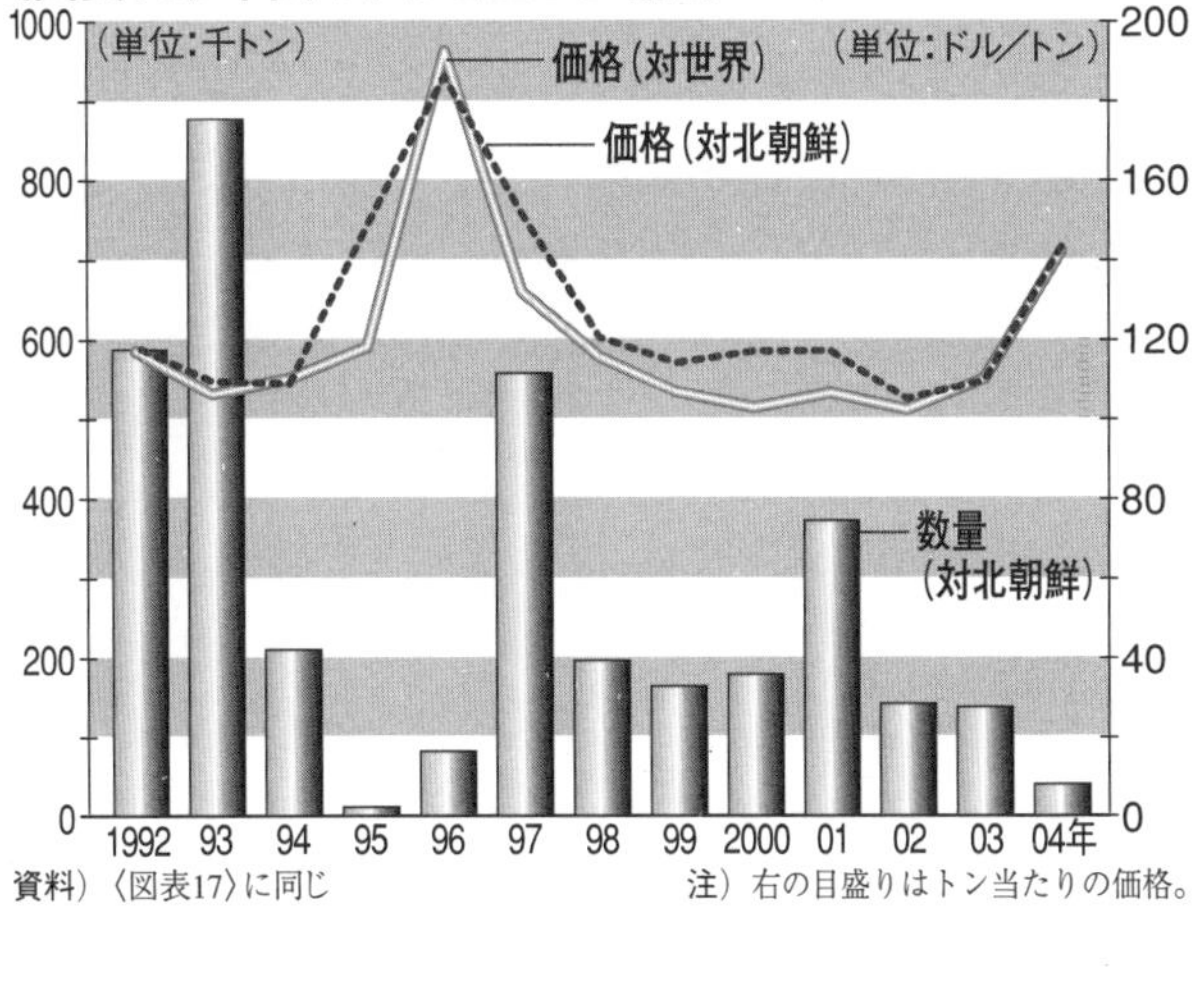

資料）〈図表17〉に同じ
注）右の目盛りはトン当たりの価格。

〈図表19〉中国の原油輸出

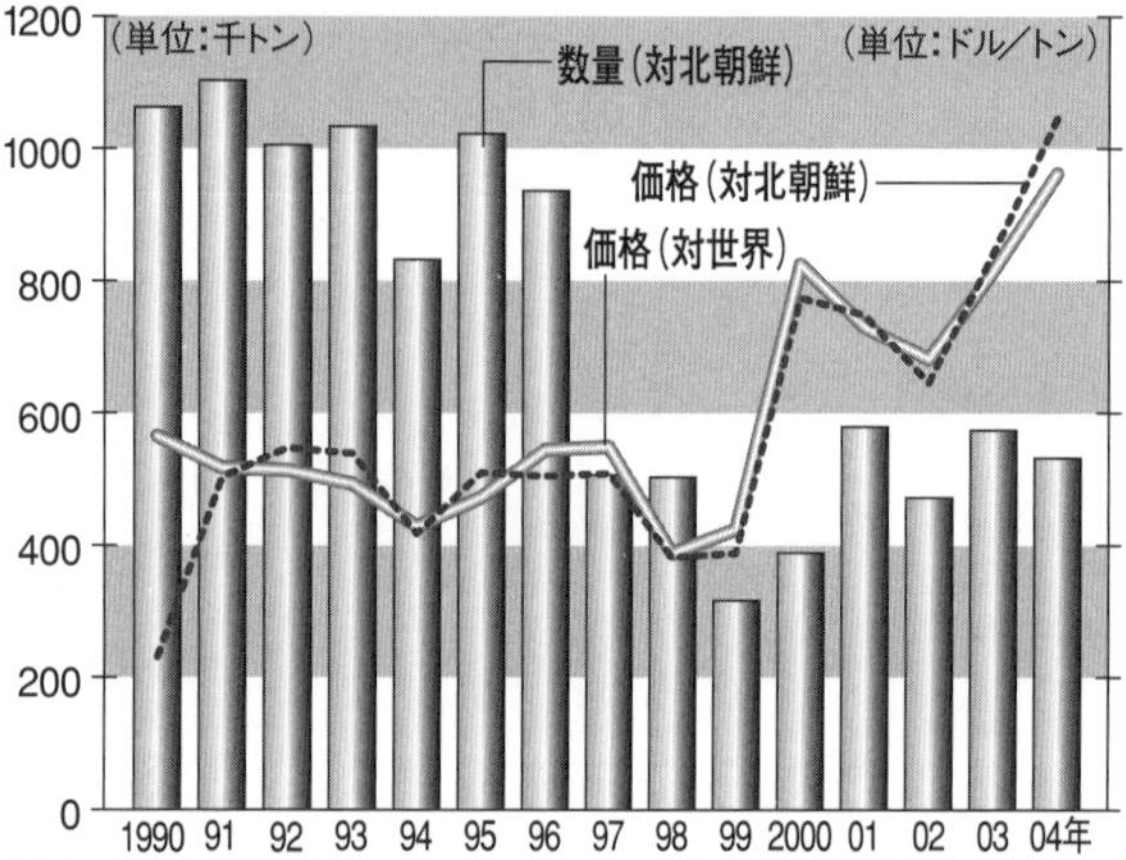

資料）〈図表17〉に同じ　　注）右の目盛りはトン当たりの価格。

幅に減少している（〈図表19〉）。ちなみに石油製品の輸出は、同じ時期で、一〇・九万トン、八・二万トン、一二・五万トン、一二・八万トンである。

輸出価格も、中国自身が原油や石油製品の純輸入国となっている現在、かつてのように国際価格の七分の一から三分の一というわけにはいかず、対世界の平均価格と大差なくなっている（〈図表19〉）。〇三年は、イラク戦争のあおりを受けて原油価格が高騰したということもあるが、対朝輸出価格はバレル当たり二八・五ドルであった。対世界の輸出価格のほうがバレル当たり二七・六ドルとかえって安くなっており、〇四年もその傾向が続いている。

このほかに、中国に住む朝鮮族が「探親

〈図表20〉日本の対北朝鮮貿易

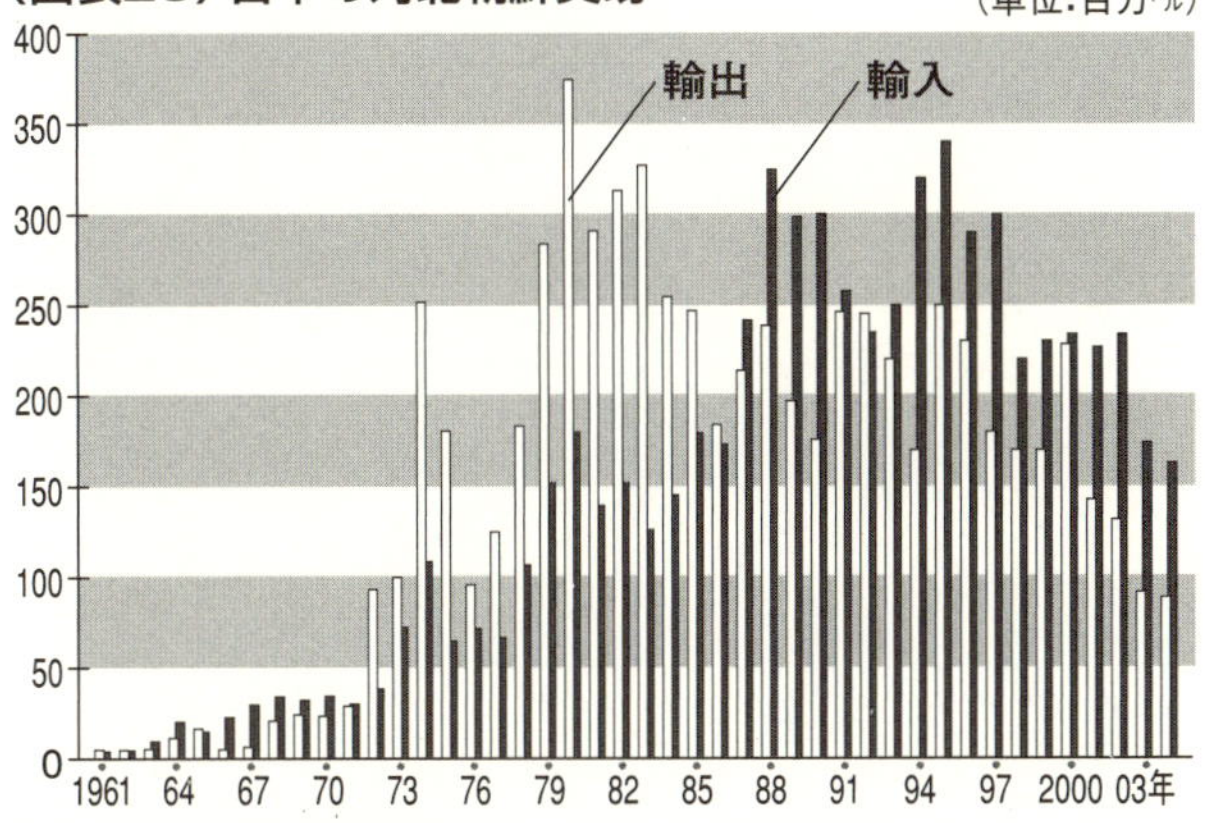

資料）財務（大蔵）省貿易統計
注）ドル換算は財務省発表の年平均レートによる。支援米分は除く。

（親戚訪問）」などの際に、手荷物として食糧や電化製品などを北朝鮮へ運び込んでいるが、その規模に関しては明らかではない。

日本との貿易

一九七〇年代以降の債務の不履行によって貿易保険もかけられない状況のなかで、日本の一般の企業は北朝鮮との貿易に対してリスクを感じている。このため日朝貿易はいまだに在日朝鮮人系の会社が中心を占めており、その実態は朝朝貿易だといわれている。

北朝鮮からの輸入品は、先にあげた水産品のほか、松茸や野菜類、委託加工貿易で作られた衣類などである。輸出では、二〇〇一年には援助米（五〇万トン。九・二億ドル相当。〈図表20〉では含んでいない）が輸出されたために突出して多くなっているが、それを除けば減少傾向にある。

さらに核疑惑をめぐる緊張や、拉致事件への日本国内の反発などが響いて、近年日朝貿易はますます縮小する傾向にある。

日本では、〇二年に「キャッチオール規制」が導入された。核兵器やミサイルの開発に転用可能な製品の輸出については、経済産業省の輸出許可を得なければならないというものである。これにより、〇三年には大型トレーラーを無許可で輸出しようとした企業が摘発されている。北朝鮮で委託加工を行っていた紳士服の大手量販店も〇二年秋から取り扱いをやめてしまった。これは北朝鮮側の納期が不安定であったほかに、消費者が「北朝鮮製」を嫌ったためだという。(18)

こうした厳しい状況により、日本からの輸出は〇三年には九一一四万ドル（前年に比べ三〇・八パーセント減）、輸入一億七三四八万ドル（同二五・九パーセント減）と激減した。日本の輸出は、ピークであった八〇年代に比べ四分の一にまで減少している。

〇四年には外為法の改正や特定船舶入港禁止法の成立など、北朝鮮への経済制裁を可能とする法整備がすすめられた。また、船舶油濁損害賠償法が改正され、〇五年三月から船主責任保険が義務付けられることとなった。北朝鮮籍船舶の保険加入率は〇三年の時点で二・五パーセントと非常に低いことから、日本の港湾への入港は厳しく制限されることとなろう。日朝貿易は一層厳しい局面を迎えている。

北朝鮮の貿易に対する考え方

北朝鮮の貿易規模はきわめて小さい。「自立的民族経済」を掲げて自力更生を国是としていることから、どうしても必要なモノを輸入するためにだけ輸出をして外貨を稼ぐというスタンスをとってきた。

しかしソ連からの援助が有償となり、多額の債務返済が始まった一九七〇年代後半からは、北朝鮮も輸出増加をはからなければならなくなっていった。

金日成は、八〇年の「新年の辞」で「貿易を立派に行うためには信用第一の原則を必ず守るべき」であると説き、さらに「輸出源を積極的にみつけだし」「すべての部門で輸出品の生産を優遇させ、輸出品の包装と質を改善し、対外輸送を円滑にすることを保障して、納期を厳守する」ようにと述べている。

続いて八四年一月の最高人民会議では、「南南協力（発展途上国間の協力）と対外経済事業を強化し、貿易をいっそう発展させるために」という報告があった。

そこでは「対外経済をひろく発展させてこそ国の経済建設を促し、人民生活を向上させることができる」「国家間の友好関係の発展は、普通、貿易をはじめ経済協力から始まる」としている。そして今後の貿易や経済協力をすすめる相手国として、まず発展途上国、そして社会主義国、さらに「我が国の自主性を尊重する資本主義国」、とりわけ「我が国と外交関係を結んでいるヨーロッパの資本主義国」をあげている。

九二年以降、「貿易第一主義（あわせて農業第一主義、軽工業第一主義）」が提唱され、加工貿易の利用などが呼びかけられた。政務院直属の貿易商社のほかに、社会安全部、保健部、国家保衛部、人民武力部なども貿易商社を設立した。また各道・市行政委員会、人民委員会も各々独自の貿易商社を設立した。全国の貿易商社の数は八〇年代の三九社から九〇年代には一〇〇社以上に増加した[19]。

地方への貿易権限の委譲や貿易権の多元化という点では、北朝鮮は中国やベトナムと同じ道をすすんでいるように見える。しかし北朝鮮の場合、致命的なことは、輸出できる産品が十分には生産されていないことである。そのような状況下で、貿易商社だけが多くなることは、輸出する機会は増えるかもしれないが、少ない商品の取り合いや地域エゴイズムが起こることも予想され、また国家として外貨収入をきちんと管理できない可能性も高い。

九八年三月には五章五八条からなる「貿易法」が採択されている。全文は報道されていないが、北朝鮮政府の機関紙「民主朝鮮」に掲載された要約文によると以下のとおり[20]。

まず貿易の使命として、貿易収支の均衡を保障し、人民経済の発展に貢献することがあげられている。また貿易を行う際の原則として、信用を守ることをあげ、そのためには輸出品目の質と納入期日を保障し代金を適時に支払うことだとしている。これを守ることで、帝国主義の経済封鎖を粉砕し、社会主義建設を強健に推進できるようになる、という。また貿易を多角化、多様化させ、能力のある貿易の職員を計画的に育成して、貿易分野で世界各国ならびに国際機構との交流、協力を発展させることを掲げている。

貿易収支の均衡を維持し、支払い日を守るといったことは大原則ではあるが、北朝鮮の貿易の現状では、たとえ個々の商社が努力したとしても、実現からもっとも遠い事柄であるといわざるをえない。

北朝鮮の経済専門誌「経済研究」二〇〇三年二号に「対外貿易で実利を保障するための方途」という論文が掲載された(21)。そこでは、貿易によって実利を得られるかどうかが、資本主義との経済的対決で勝つのか負けるのかの鍵を握っている、と説いている。実利を得るとは、輸出して一見外貨を稼いでいるように見えても、無駄な人件費を使ったり、原材料の輸入に外貨を使いすぎているようではだめだということである。競争相手がほかにいないような新製品を開発したり、付加価値の高い製品を輸出するようにとも述べている。ちなみに、コストに見合った成果をあげる「実利」という言葉は、「経済管理改善措置」の説明でもしばしば使われている。

八〇年代以降、北朝鮮はこのように貿易の拡大をめざしてはいるが、自ら作り出したともいえる厳しい国際情勢のなかで、ボーダ〝フル〟な経済構造を変化させるのは容易なことではないだろう。

4. 北朝鮮の外資導入政策

対外経済関係には貿易のほかに外資導入政策がある。

北朝鮮では八四年に合営法を公布したものの、積極的な外資導入の姿勢が見られなかった。また、外資導入のための特別な地域である経済貿易地帯なども設けられたものの、実績はまだそれほど大きくはない。

この節では北朝鮮の外資導入がどのようなものであるかを個別に見ることにする。

羅先（羅津・先鋒）の「（自由）経済貿易地帯」

「自由経済貿易地帯」は平壌から遠く離れた羅津・先鋒に設けられている。この地に自由経済貿易地帯を設けるという案は、UNDP（国連開発計画）による「図們江（豆満江）開発計画」のなかにも盛り込まれたものであった。一九九一年一二月、政務院（内閣）が「自由貿易地帯の設置について」の決定を発表、そのなかで、羅津・先鋒地区の六二一平方キロメートルを自由貿易地帯にするとした。翌九三年に、北朝鮮は「自由経済貿易地帯法」を公布した。

北朝鮮の自由経済貿易地帯は、一般の人々と隔離した場所で外資導入をはかるためのものという側面が大きく、同地帯には外国人はビザなしで入れるが、一般地帯とは鉄条網で仕切られており、一般人は「資本主義」世界に近づけないようになっている。さらに、この域内では、「措置」以前の公式レートが一ドル＝二・一五ウォンであったときも、一ドル＝二〇〇ウォンのレートが設定されていた。

また九八年には自由経済貿易地帯から「自由」の文字が消されるなど、合弁事業に不安を与えるような変更があった。合弁の案件もホテルやヘリポートなどであり、本格的な製造業への進出はきかれず、北朝鮮の経済発展を促すものとはなっていない。

新義州特別行政区

二〇〇二年九月、北朝鮮は中国と国境を接する新義州に「特別行政区」を設置、その長官として、〇一年の中国第二位の富豪でオランダ国籍の楊斌を指名した。しかし楊はまもなく中国公安当局から脱税などの疑いで自宅軟禁状態におかれた。[22]

九月二三日の記者会見で、楊斌は特別行政区の構想として①中朝の若年技術者や労働者二〇万人を移住させる、②法務長官に欧州国籍の人材を起用する、③立法議員一五人の半数以上を外国人とする、④外国人のビザを免除する、⑤輸出入時の非関税のほか、所得税率を一四パーセントとする、⑥公用語を中国語・朝鮮語・英語とし、通貨は米ドルとする、などの発表を行った。さらに二七日の会見では、電力は北朝鮮に隣接する中国東北部の余剰電力を購入する、インフラ建設にあたっては、特区政府が外国企業に対し国際入札への参加を呼びかける、という発表も行った。[23]

「外国人のビザを免除する」という構想については、楊が勝手に発表したものだとして北朝鮮当局は不快感を示していた。北朝鮮が就任を要請したにもかかわらず、北朝鮮側と楊の間では最初から不協和音が聞こえていたのであった。

なぜ新義州が「経済特区」ではなく、香港と同じ「特別行政区」なのかも理解に苦しむ。「香港特別行政区」は、香港が英国から社会主義中国に返還されるにあたり、五〇年間は資本主義体制を維持することを保障するとして設けられた。経済活動の自由を保障し、金融都市、中継貿易基地としての香港の利点や役割を保持することで、西側諸国の不安を払拭することを目的としたものだ。そのために中国は外交と国防を除く自主権を香港に付与した。

これに対して、もともと北朝鮮国内の一地域である新義州になぜ立法権や司法権などの権限を与えた特別行政区でなくてはならないのか。どうして経済特区ではだめだったのか。

さらに、外貨を稼ぐことができる委託加工のための外資を誘致するのであれば、韓国に近い地域のほうが有利ではないのかという疑問が残る（〇二年一一月に韓国に近い開城に工業区を設置）。なるほど中国との国境に近い地域に特区を作れば、中国からの投資があるかもしれないし、中国の電力を利用できるかもしれないが、外貨（ハード・カレンシー）を獲得しやすいかどうかは未知数である。

中国の電力を利用することについては、たとえば水豊ダムの電力は朝中で共同利用していたが、北朝鮮側が電力の利用代金を支払わないことから、中国側と揉めており、電力利用料金の支払いが保証されない限り、実現は難しいだろう。

なお楊斌は〇三年七月に瀋陽市中級人民法院（地裁）で懲役一八年の実刑判決を受け、特別行政区の新しい長官には北朝鮮の対外経済協力推進委員会第一委員長の桂勝海《ケスンヘ》が任命された[24]。しかし、計画はほぼ棚上げの状態で、北朝鮮が新義州の開発を断念したとの報道もある[25]。

金剛山観光地区

金剛山は北朝鮮の南東、江原道《カンウォンド》にある名山で、古来、風光明媚な名所として知られている。

韓国の財閥「現代グループ」名誉会長の鄭《チョン》周永《ジュヨン》は、北朝鮮を訪問した一九八九年、鄭の生まれ故郷でもある金剛山の開発を、北朝鮮と共同で行うと発表した。

九八年一〇月には金剛山観光に関する協議書が調印され、翌一一月には一三五五人の観光客を乗せた「現代金剛号」が出発、四泊五日の観光が行われた。ただし、韓国人観光客と北朝鮮の住民が接触しないように厳重に管理されたツアーであった。

九九年一月には、現代グループと北朝鮮は金剛山の全面的な開発事業について協議した。この開発計画は、土地整理やゴルフ・スキー場の建設、海洋博物館・ホテルの建設などを、三段階に分けて現代グループが行うというもので、投資総額は一兆五六六五億ウォン（韓国ウォン　一三・二億ドル）という巨大な事業になるはずであった。

ところが、金剛山観光事業は北朝鮮と現代グループの両者が思い描いていたほどには人気を集めることはなかった。年間五〇万人と想定していた観光客は二〇〇〇年の二一・二万人をピークとして、〇一年五・九万人、〇二年八・七万人にとどまった。

さらに一九九七年のアジア経済危機後に、以前から悪化していた現代グループの経営が危機に陥り、二〇〇一年三月には現代グループの創業者の鄭周永会長が死去、観光事業の中断も検討された。

これに対して韓国政府は、〇一年六月、政府系機関である韓国観光公社を南北協力事業者と認定し、南北交流促進を目的として作られた「南北交流基金」から九〇〇億ウォンの融資を行った。それを資金として、金剛山のホテルや温泉を買い取らせ、現代グループのなかで対北事業を行う現代峨山を支援することを決定した。

北朝鮮への支払いも、それまで観光客数に関係なく定額制であったものが、海路での観光客に関しては一人当たり一〇〇ドル、陸路は同五〇ドルと決定された。

二〇〇二年一一月には北朝鮮が「金剛山観光地区法」を制定した。同法では、金剛山の観光、および観光業を行える主体として、「南側（韓国）」および海外同胞とともに外国人もあげている。「観光客が守るべき事項」という条文もあり、そこでは、観光客は観光と関連のない対象を撮影してはならない、あるいは通信機材を観光と関連のない目的に利用してはならない、などの注意事項が列記されている。

しかし〇三年になって、対北朝鮮事業をもっとも熱心に行っていた現代グループのなかの現代商船が、政府が全額出資する韓国産業銀行から運転資金の名目で四〇〇〇億ウォンの緊急融資を受け、うち二二三五億ウォンを「開城工業団地や観光など北朝鮮関連の七事業に使った」という疑惑が持ち上がった。韓国統一省によると、同社は韓国企業が北朝鮮で事業を行う場合に必要な事前許可申請を提出しておらず、「南北交流協力法違反の疑いもある」としている。また北朝鮮側に現金が渡っている場合には「外国為替法違反に問われる可能性もある」（韓国銀行）としていた(26)。

これについては、北朝鮮関連の事業費としては額が大きすぎるとの指摘もあり、政府が現代商船を通じて北朝鮮に秘密資金を供与し、その見返りとして南北首脳会談を実現させたのではないかとの疑惑にもつながっている。六月になり盧武鉉《ノムヒョン》大統領は疑惑解明に向けた捜査をこれ以上行わない旨を発表し、真相は明らかにされなかった。

同年八月には、現代グループのなかで対北朝鮮事業を行っている現代峨山を受け継いだ鄭《チョン》夢憲《モンホン》会長が自殺した。前述の北朝鮮への送金疑惑に絡んで、検察庁から厳しい取り調べを受けたことも自殺の原因として取りざたされたのであった。

開城工業地区

開城は、南北朝鮮を分断する三八度線の板門店に近い北朝鮮側の都市である。南北首脳会談直後の二〇〇〇年八月、現代峨山の鄭夢憲会長と金正日との間で、開城に工業団地を建設することが合意された（その後開城工業団地の経営は、韓国土地公社に引き継がれている）。

〇二年一一月には北朝鮮が開城工業地区法を制定した。同法は五章四六条（付則三条）からなっている。この工業団地に投資することができるのは、南側（韓国）および海外同胞、外国の法人、個人、経済組織であると規定されている。また労働力採用、土地利用、税金納付などの分野において特恵的な経済活動が保障されるとしている。

土地貸借期間は五〇年とされ、南側地区から出入りする南側および海外同胞、外国人は、工業地区管理機関が発給した出入証明書を提示すれば、指定された通路からビザなしで出入りすることができるとしている（北朝鮮のほかの地域からの出入りに対しては、別途定める）。

企業所得税率は決算利潤の一四パーセントとされ、インフラ部門と軽工業、先端化学技術部門は一〇パーセントとすると定められており、一般の地域よりは所得税率は低く定められている。また、同地区には外貨を自由に搬入・搬出できることと、経営活動を行って得た利潤とそのほかの所得金は、南側もしくは外国に無税で送金または持ち出せる、との規定もある。

二〇〇二年末から再び北朝鮮の核疑惑がうずまいているさなかの〇三年六月、開城工業団地の起工式が行われた。第一期工事として、〇七年までに三三〇万平方メートルの敷地に工業団地を造成し、繊維、製靴、皮革、服飾関係など約三〇〇社に分譲する計画であるが[27]、韓国政府が、高度技術を使用する業種の進出を制限していることから、許可を得られる業種が少ないため、〇四年六月末の時点で一五社の進出にとどまっている[28]。

以上が北朝鮮の外資導入の拠点となっている地域の概要である。

北朝鮮の現状の外資導入は「四隅」の開放にすぎず、北朝鮮経済を回復させることができるような国内経済への影響力は期待できないのである。

5. 韓国との経済関係

南北首脳会談

南北朝鮮の間では、二〇〇〇年六月に首脳会談が行われた。分断から半世紀余を経てのはじめての会談であった。

首脳会談の開催が発表され、また実際の会談の様子がメディアで流れると、韓国では一時北朝鮮フィーバーが起こった。しかし金正日のソウル訪問が実現せず、また九七年のアジア経済危機から立ち直ったかに見えた韓国内の景気が予想以上にはよくならず、失業率の上昇などの局面が見えるにつれて、まず国内経済をよくしてもらいたいというムードが主流となり、北朝鮮フィーバーは冷めていった。

会談の象徴的出来事になると見られていた南北朝鮮を結ぶ京義《キョンギ》線（ソウルと新義州間を結ぶ鉄道）は、韓国側は修復されたものの、北朝鮮側はすすまず、二〇〇五年四月現在、列車が走ってはいない。また北朝鮮が望んでいた韓国からの電力供給も、開城工業地区へ送電されているほかは、南北の送電システムの違いから、うまくいっていない。それでも二〇〇〇年一二月には投資保障や二重課税防止に関する合意書が結ばれる（〇三年に発効）など、経済交流にプラスに作用しそうな条件は少しずつ整えられている。

南北統一への韓国の考え方

韓国はかつて、北朝鮮が経済的に疲弊すれば「熟柿が落ちるように」統一が実現するのではないかと期待していた。

しかし、社会主義国との関係改善を通じて最終的には北朝鮮との関係改善をはかる「北方政策」を掲げた盧泰愚政権が登場して以降は、韓国の対北朝鮮政策は徐々に変化を見せるようになり、金大中政権からは統一を急がない現実路線へと転換していった。

この変化の潮流を促進したのが、東西ドイツ統一の現実であった。東欧圏のなかでは比較的豊かな工業国であった東独だが、それでも統一後の西独の経済的負担は大きかった。

まず旧東独地域から西独地域に流入する人が多くなると、東独地域の経済が成り立たなくなることから、東西独・マルクの交換レートについて、個人に対しては東独のレートを有利に設定した（交換レートは、このほかに債務や一定額以上の預金などに対しては別に設定されていた）(29)。

東独の国営企業の民営転換のためのコストも大きかった。

生産効率が悪く、社会主義国の特徴である福祉部門を背負い込み、余剰人員を抱えている東独の企業に対して、当然ながら外国企業は興味を示さない。外資はほとんど導入できず、結局は旧西独の負担が増加することとなった。また民営化にともなって合理化が行われ、多くの失業者が発生したが、そのための社会保障費も膨らんだ。

統一のための費用は当初、毎年三〇〇億〜四〇〇〇億マルク程度と思われていたが、年によっては一八〇〇億マルクにのぼることもあり、統一ドイツの名目GNPの五〜六パーセントにも達した[30]。

旧西独がこれだけの負担を担ったにもかかわらず、東独地域での失業者の増大や東西の所得格差などによって、旧東独市民の不満も増大することになった。「親方日の丸」的体質に慣れきった東の人々にとって、競争社会である資本主義になじむことはなかなか容易ではなかったのである。

東西ドイツ統一の現実を見て、韓国でも北朝鮮との統一の難しさが認識されるようになってきた。北朝鮮の経済は統一当時の東独とは比較にならないほど危機的な状態であるから、韓国が北朝鮮を吸収合併する形で今すぐに統一がなされれば、インフラの整備や企業経営の正常化、農業生産の回復、雇用の確保にも膨大なコストがかかることになる。たとえば、韓国が北朝鮮に発電所を建設しても、工場などの電力消費地までの電線も老朽化しているから、電線の敷設まで韓国で負担しなければならない。これだけでも相当な支出となるのだから、北朝鮮経済が自立できるまでのコストとなれば、大変な額となってしまう。

また東独では、統一前であっても西独のテレビ放送を受信できたように、情報のギャップは相対的に小さかったことから、そのギャップを埋めるコストは少なくてすんだ。これに対して、北朝鮮では韓国についての情報は厳しく遮断されている（もっとも最近では北朝鮮の富裕層は韓国のＤＶＤなどをひそかに観ていると伝えられている）。

社会主義的体質に慣れ切った北朝鮮からの流入者が、資本主義の競争社会になじめず、収入の道を断たれることで犯罪に走るということもあるかもしれない。そうした混乱を避けるためにも、統一後しばらくの間は、北部から南部への移動の禁止という措置をとらなければならない可能性もある。

韓国の予算にも限りがある。北朝鮮地域への投資が大きくなれば、それだけ韓国地域への投資は少なくなるわけであり、韓国の人々の生活水準が低下することは避けられない。

朝鮮戦争によって家族が離散してしまった人々にとっては、南北の統一は今も悲願であるに違いない。しかし若い世代にとってはどうであろうか。北朝鮮住民のために自らの生活の質を落とすことに耐えられるだろうか。

〈図表21〉南北朝鮮交易推移

（単位：千ドル）

		1997	1998	1999	2000	2001	2002	2003
搬出	小計	115269	129679	211832	272775	226787	370155	435000
	取引性	60019	51530	67553	93724	62836	72770	
	非取引性	55250	78149	144279	179050	163951	297385	
搬入	小計	193069	92264	121604	152373	176170	271575	289300
	取引性	190281	92159	121482	152373	173476	270189	
	非取引性	2788	105	122		2695	1386	
合計		308339	221943	333437	425148	402957	641730	724200

出所）柳承鎬「日本と韓国の対北朝鮮援助協力方向」（ERINA Discussion Paper No.0304）
注）2003年は韓国銀行発表数字（ラヂオプレス「RP 北朝鮮政策動向」2004年第8号 p.10）。四捨五入のため累計があわない場合もある。

南北朝鮮の交易

北朝鮮と韓国の貿易は、盧泰愚政権の時代から始まっている。

当初は北朝鮮の韓国への「搬出」（互いに別の国とは認めていないため、「搬入」「搬出」と呼ばれる）が多かった。これは、①北朝鮮の市場が狭いこと、②北朝鮮の外貨不足によってハード・カレンシーでの取引ができないこと、③北朝鮮が韓国ラベルのついた製品の販売を禁止していたことによる。

しかし一九九四年以降は、ＫＥＤＯによる軽水炉建設関連の物資や援助物資などの非取引性の物資の、韓国からの搬出量が多くなっている。さらに金大中政権が掲げた「太陽政策」のもと、韓国による対朝投資もすすんだことから、原材料や機械の搬出が増加した。ただし北朝鮮の核疑惑によって軽水炉建設が停止されたことから、〇三年の非取引性物資の搬出は減少していると思われる。

以上のように、北朝鮮の経済の現状を部門別に見ても、やはり北朝鮮の経済の困窮ぶりがうかがわれる。資本不足からエネルギーの輸入や開発が行えず、そのため工業生産も思うようにいかない、そのことによって化学肥料や農薬が生産できず、農業機械も動かせないことから農業生産もうまくいかない。まさに不足の経済が相互にマイナスに作用し合って、悪循環を起こしている状況である。

対外経済の面においても、輸出できる産品が少ないことから外貨を獲得できず、従って輸入ができない。資本不足解決の鍵となりうる外資導入にしても、北朝鮮自身が及び腰であることとともに、外資側にとっても、北朝鮮の政治体制に対する不信感から投資を行うことができない。

開城での経済特区建設の合意が成立した二〇〇〇年以降、韓国では北朝鮮への投資が意識されるようになってきている。ただし、韓国資本が北朝鮮経済に大きな影響を与えるほどの規模の投資を行えるとは考えられない。

北朝鮮経済の状況が根本的に改善する兆しは、依然として見えないのである。

終章　出口の見えない北朝鮮経済

ゆでたトウモロコシだけの昼食をとる平安南道粛川の労働者（2003年11月　ＡＦＰ＝時事）

回復の兆しのない北朝鮮経済

かつて「地上の楽園」と称賛されていた北朝鮮は、これまで見てきたように、実際には「計画なき計画経済国家」「〝被〟援助大国」であり、さらに対外経済関係に大きく開かれていない「ボーダ〝フル〟・エコノミー」の国家であった。現在では、一般の人々には食糧の確保すら難しいほど、経済が疲弊しきった状況にある。

今後、こうした現状からの北朝鮮の変化はありうるのであろうか。

二〇〇〇年以降、北朝鮮の変化を期待させる出来事も確かにあった。南北朝鮮の首脳会談を行い、「経済管理改善措置」(以下「措置」)が行われ、小泉首相の訪朝を受け入れ、二〇〇三年八月からは六ヵ国協議にも参加している。しかし一方では、凍結したはずの核開発をひそかに再開していたのであった。

経済面を見れば、「措置」によって、もともと闇市場であったものが制度化された「総合市場」で、多くのモノが売られるようになり、また食べ物を売る屋台なども現れた。こうした変化から、「措置」の効果が現れているのではないかとの見方もある。

しかし実際には、工業生産や農業生産が根本的に回復したわけではない。統制が緩んだことから、密貿易も含む中国との貿易によって輸入された商品や、工場から横流しされた商品が、市場の店先に並ぶようになったにすぎない。

確かに「措置」以前に比べれば生産はそれなりに回復しているかもしれない。たとえば製鉄所などでは、本来国家が供給するはずの鉄鉱石もコークスもないという状況ながら、独立採算を求められているために、自力で原材料を入手できる軽工業品（カバンや炊飯器など）を作っている。(1) だが、当然ながらこのような生産は正常とはいえず、それによって経済が根本的に回復するはずはない。

農業面でも実質的な回復は見られない。〇五年元日の三紙共同社説では、農業に力を注ぎ、農業部門を最優先するように、としている。これまでの農業改革については、生産を行う単位である「分組」を相対的に小さくするにとどまっていた。分組を二〇〜二五人単位から、七〜八人単位まで小さくしてきたが、〇四年には一部地域で家族単位の農業を試験的に導入したことが判明した。(2) しかしこれが全国的に普及するかは不明である。

もちろんこれによって、現場を知らない人間が気候や土地の状況を顧みずに機械的に一律に農作業を指示していたときに比べれば、農業生産は少しは改善するだろう。ただし第四章で述べたように、肥料や農業機械が絶対的に不足する現状では、中国で請負制が始められたときのような劇的な変化を期待するのは難しい。また公有制を基礎とする社会主義を標榜している以上、個人農（家族単位）的な請負制への移行は難しいのではないか。

また北朝鮮では一九七四年に「税金」という名前の徴収システムはなくなったことになっている。もちろん国家企業利益金などに名を変えた徴税システムは依然として存在していた。しかし経済の悪化により、企業部門からの徴税は停滞しがちになった。このため〇二年七月からは新たに農業部門からも徴税することになった。

耕作地の面積に応じた徴税システムは、徴収する側にとってはとりはぐれがないが、徴収される側からいえば、豊作不作にかかわらず一定額を徴収されるわけである。つまり、自分に課せられた税金のためにも生産をあげる工夫をせざるをえないことになる（しかし実際には、それでも払えなかったり、払わなかったりする場合もある）。

「措置」を実施したにもかかわらず、あるいは「したから」なのか、北朝鮮の経済は一向に改善の兆しもない。〇二年一〇月に北朝鮮によるウラン濃縮計画が発覚したことから、KEDO（朝鮮半島エネルギー開発機構）による重油供給が停止し、エネルギー不足が一層深刻になり、もはや機能不全状態になっているのであろう。

エネルギーが不足し、原材料もほとんど払底しているなかにあって、実際のモノの生産を回復させないままに行われた今回の「措置」は、ハイパー・インフレを招いたばかりではなく、中国とのコネがある者とそうでない者、あるいは実際のモノにアクセスできる権限がある者とそうでない者との間に、所得格差の拡大を招くことになった。

「措置」の一環として行われた労働者の賃上げも、単なる一律の賃上げならば、インセンティブにすらならないのである。さらに、「措置」直後の七―八月には全員に賃上げした給料が支払われていたのに、九月からは、働いた人にだけ支払われ、働かない人は労賃を支払われないばかりでなく、七月に払われた分の返上を命じられたということもあったようだ。働かないといっても、エネルギーや原材料の不足から生産設備が動かせず、「働けない」状態であるにもかかわらずである[3]。

一説には、この「措置」は小泉訪朝後に日朝の国交が樹立されることを期待して、日本からの援助が入ってくるであろうタイミングを見計らって実施されたという。しかし拉致問題によって日本の世論が硬化したことで、日朝国交樹立を梃子《てこ》に経済回復をはかろうとする北朝鮮の思惑も潰《つい》えてしまった。

経済制裁に「効果」はあるか

以前より北朝鮮関連の報道は多くなっているとはいえ、経済の実態を正確に知ることは難しい。北朝鮮自身が信憑性のある統計を公表していないからであり、近年日本でもマスメディアで取り上げられるようになった北朝鮮自身による報道も、官製の報道にすぎず、ある意図のもとで流されているからである。一方で、しばしば見聞きする脱北者の証言も、ときに脱北者が聞き手が望むような話をする場合もあり、また見聞できる範囲が限られていることから、マクロ的な全体像をそこからつかむことは難しい。

実態面がわからないままに、「北朝鮮は経済の悪化によって崩壊間近であり、金正日はあせっている。日本が経済制裁を発動すれば、白旗をあげるだろう」として、経済制裁論が日本国内で声高にいわれるようになった。

この経済制裁によって北朝鮮が態度を変化させることはあるだろうか。第四章で述べたように、北朝鮮の貿易のなかで日本の割合はせいぜい一割程度にすぎない。そのほかの経済活動においても日本のプレゼンスは非常に小さい。そのため日本のみが経済制裁を行っても、北朝鮮という国家にとってはあまり影響がない（日本からの「帰国者」にとっては、資金や生活必需品などが送られてこないことになり影響は大きいであろうが）。中国や韓国が共同歩調をとらない限り、成果はあがらないであろう。

また北朝鮮の経済悪化が日本で頻繁に報道されるようになったのは、一九九〇年代なかばの大水害の後であったため、そこから飢餓が始まったような印象があるかもしれないが、実際には北朝鮮経済は、すでに七〇年代なかばから悪化の一途をたどってきた。そのため、長い間の「不足の経済」のなかで、人々はそれなりに生き抜く術を身につけ、一種の「淘汰」がすんでいるのである。経済悪化が九〇年代なかばからであれば、崩壊への「最後の一本の藁」になるかもしれない日本の経済制裁であるが、現状ではその可能性は低い。

反対に日本が経済制裁を行えば、北朝鮮が六ヵ国協議への出席を拒否する口実とする可能性も高い。これまで目に見える成果はあがっていないとはいえ、北朝鮮が国際ルールに則って話し合いをする場である六ヵ国協議には、北朝鮮の参加を促し続けなくてはならない。二〇〇四年一一月の米国大統領選挙までは様子見を決め込んでいた北朝鮮であるが、ブッシュ政権の続投となったことで、腹を括った対応をせざるをえなくなるであろう。

このような諸事情を見れば、北朝鮮の経済が根本的に回復する可能性は、現状では残念ながら「ない」といわざるをえない。それでは「崩壊」する可能性はどうだろうか。

飢えに苦しむ民衆が立ち上がって、政権を崩壊させるのではないかとの、ある種の「期待」があるのも確かである。しかし歴史の教訓が示すように、民主化の要求は中間層が増加した後に起きることが多い。生活が向上し、教育水準が高い中間層が増加してはじめて、民主化の要求は生まれる。一九八〇年代の後半、台湾と韓国で時を同じくして民主化を要求する運動が高揚したのは、偶然ではあるまい。台湾にしろ韓国にしろ、工業化に成功し、農村における余剰労働力がなくなり、都市化がすすみ、高等教育を受けた若者が増加したときに、民主化運動が盛り上がったのである。

もちろん、「一揆」のような形で散発的な暴動が起こる可能性は、現在の北朝鮮でもありうるかもしれない。しかし、その日の食事を確保することで精一杯の人々のなかから、政権交代を要求するような組織立った民主化運動が起こる可能性は低いであろう。

また軍部によるクーデターが起きるのではないかとの予想もある。金正日も軍事力（実際のパワー）を持つ軍隊の反乱をおそれているのであろう。だからこそ食糧配給や賃金などについても軍隊を優遇し、人事異動でも気を遣っているのである。

脱北者の増加も、中国との軋轢を増やすことにはなるだろうが、直接には崩壊にはつながらない。

冷戦の残滓《ざんし》ともいえる北東アジアの情勢は、いまだ不安定な要素を抱えている。北朝鮮問題への対応を誤れば、北東アジアそのものがハード・ランディングしてしまうかもしれない。根拠のない期待論で動いては、韓国、中国、日本さらにはアジア全体の経済に悪影響を及ぼすことになる。ソフト・ランディングの道を見失ってはなるまい。

国際問題研究所　1997年）、および『北朝鮮の現況　2004』p.269によった。

（13）「中国通信」1998年1月23日

（14）FAO（食糧農業機関）日本事務所ウェブサイト「FAO統計データベース」

（15）注（1）pp.89-90

（16）注（1）p.90。原出所は「朝鮮新報」1996年10月24日

（17）注（1）p.135

（18）「朝日新聞」2004年2月17日夕刊

（19）注（1）pp.254-255

（20）以下は『北朝鮮年鑑2000年版』pp.172-173（東アジア総合研究所　2000年）による。

（21）「RP 北朝鮮政策動向」2003年第14号　pp.14-18

（22）「朝日新聞」2002年10月4日夕刊

（23）「日本経済新聞」2002年9月25、26、28日朝刊

（24）「RP 北朝鮮政策動向」2003年第9号　pp.25-26

（25）「東京新聞」2004年11月7日朝刊

（26）「日本経済新聞」2003年1月31日朝刊

（27）「人民日報」（日本語版ウェブサイト）2003年7月1日

（28）「朝日新聞」2004年7月1日朝刊

（29）大蔵省「財政金融統計月報」1990年6月号
http://www.mof.go.jp/kankou/zaikinge01.htm

（30）経済企画庁「平成4年　年次世界経済報告」
http://wp.cao.go.jp/zenbun/sekai/

終章

（1）康仁徳「北朝鮮で何が起きているのか〈上〉」「論座」2004年12月号　p.209

（2）「RP 北朝鮮政策動向」2005年第2号　p.10

（3）康仁徳「北朝鮮で何が起きているのか〈中〉」「論座」2005年1月号　p.217

（44）注（32）pp.188-192
（45）注（43）p.329
（46）『金日成著作集第36巻』p.263　外国文出版社　1990年
（47）注（43）pp.360-361
（48）注（２）p.54
（49）注（２）p.55
（50）「日本経済新聞」1988年８月25日朝刊
（51）1993年から94年の核危機の際の米朝交渉についてはケネス・キノネス『北朝鮮――米国務省担当官の交渉秘録』（中央公論新社　2000年）に詳しい。
（52）『北朝鮮の現況　2004』p.265
（53）「RP 北朝鮮政策動向」2003年第５号　pp.12-13
（54）「RP 北朝鮮政策動向」2002年第７号　p.13
（55）注（53）p.21
（56）張宝仁・王新剛「浅析近来朝鮮経済発展理論与政策出現的新変化及其走勢」p.53 「東北亜論壇」2004年３期。原出所は金赫璜『東北亜経済開発戦略』（統一研究院　2004年）
（57）注（53）p.21

第四章
（１）林今淑『朝鮮経済』pp.169-172
（２）以下、発電所の建設や発電量などのデータは注（１）pp.182-185によった。
（３）李佑泓『暗愚の共和国』pp.25-92
（４）『金日成著作集第23巻』p.83　外国文出版社　1985年
（５）注（４）p.86
（６）注（１）p.128
（７）注（１）p.129
（８）注（１）p.130
（９）注（１）p.130
（10）「RP 北朝鮮政策動向」2003年第14号　p.35。原出所は「労働新聞」2003年11月24日
（11）『金日成著作集第30巻』p.263　外国文出版社
（12）鈴木典幸「北朝鮮の農業生産」p.2（『北朝鮮の食糧事情』日本

(20) 注（３）p.62
(21) 注（２）p.37
(22) 注（２）p.39。原出所は金漢吉『朝鮮現代史』p.423（平壌出版社　1959年）
(23)『金日成著作集第２巻』p.256　未来社　1970年
(24) 金日成『革命的大衆路線』p.262　チュチェ思想国際研究所　1980年
(25) 注（２）p.41
(26)『岩波現代中国事典』p.965　岩波書店　1999年
(27) 注（26）p.696
(28)『金日成著作集第３巻』p.117　未来社
(29) 高瀬浄「北朝鮮の対外政策と国際関係」pp.238-239　関寛治・高瀬浄編『朝鮮半島と国際関係』
(30) 帰国者たちの惨状は関貴星『北朝鮮1960』pp.74-153に詳細に記されている。同書は1962―63年関貴星によって出版された『楽園の夢破れて』『真っ二つの祖国』を再編集して2003年河出書房新社より出版されたものである。
(31) 李佑泓『暗愚の共和国』pp.20-23　亜紀書房　1990年
(32) 金元祚『凍土の共和国』　亜紀書房　1984年。本書は副題が「北朝鮮幻滅紀行」とされているように、全編にわたって、北朝鮮への疑問や幻滅感、人々の苦しい生活の様子が描かれているが、とくに親友であった帰国者との対面の場面（pp.170-190）や親族との対面場面（pp.230-258）に詳しく述べられている。
(33) 注（14）p.464
(34) 注（11）p.36
(35) 注（14）p.459
(36) 注（14）p.460
(37) 注（29）p.240
(38) 注（14）p.512
(39) 注（11）p.279
(40) ドン・オーバードーファー『二つのコリア』p.47
(41) 注（２）pp.46-47
(42)「日本経済新聞」1999年５月10日朝刊
(43) 金学俊『北朝鮮五十年史』p.327-329　朝日新聞社　1997年

北亜論壇」2004年4期）によれば、1998年10月29日の協議で、参加人数にかかわりなく、最初の6ヵ月は1ヵ月当たり2500万ドル、次の9ヵ月は同800万ドル、次の5年間は同1200万ドルであったが、2001年6月8日の協議では、海路の客一人当たり100ドル、陸路同50ドルと決められた。
(22)「朝日新聞」2003年7月22日朝刊
(23)「読売新聞」2003年8月26日朝刊
(24)「東京新聞」2003年9月22日朝刊
(25)「東京新聞」2003年7月1日朝刊
(26)「毎日新聞」2005年3月30日朝刊

第三章
(1) 高瀬浄「北朝鮮の〝自立的民族経済〟の形成」p.184　関寛治・高瀬浄編『朝鮮半島と国際関係』晃洋書房　1982年
(2) 林今淑『朝鮮経済』p.27
(3) 高昇孝『現代朝鮮経済入門』p.11　新泉社　1989年
(4) 注(1) p.194
(5) 注(2) pp.29-30
(6) 注(3) p.35
(7) 注(2) p.31。原出所は『朝鮮中央年鑑』p.222（朝鮮中央通信社　1961年）
(8) 注(2) p.31
(9) 注(2) p.33
(10) 注(2) p.213
(11)『金日成著作集第4巻』p.10　未来社　1971年
(12) 注(3) p.82
(13) 注(2) p.219。原出所は、娜塔利亜・巴扎諾夫著、梁浚容訳『站在十字路口的朝鮮経済』p.77（経済新聞社　1992年）
(14)『朝鮮韓国近現代史事典』p.406　日本評論社　2002年
(15) 注(2) pp.34-35
(16) 注(3) p.51
(17) 注(3) p.51
(18) 注(3) p.62
(19) 注(3) p.55

（3）「東京新聞」2004年6月28日朝刊

（4）筆者はベトナム経済に関しては専門に研究していないため、ベトナムに関しては注（9）（10）（12）（19）で掲げた資料を参考にした。本文をそのまま引用していない限り、煩雑さを避けるため注をつけていない場合もあるが、考え方などを参考にさせていただいたことをお断りしておく。

（5）Marcus Noland *Economic Integration and Cooperation on the Korean Peninsula* pp.8-9（筆者がPOSCO東西センターで研究している際に著した出版されていない研究論文）

（6）国家統計局国民経済総合統計司編『新中国五十年統計資料匯編』p.21　中国統計出版社

（7）石原享一「価格改革」p.165　小島麗逸編『中国の経済改革』勁草書房　1988年

（8）注（6）に同じ。

（9）ベトナムのインフレに関する記述は、グェン・タイン・バン「ベトナムの経済改革」（関口末夫　トラン・ヴァン・トゥ編『現代ベトナム経済』勁草書房　1992年）を参考にした。

（10）大泉啓一郎「ベトナム」p.283　原洋之介編『アジア経済論』NTT出版　1999年

（11）注（6）p.1,p.33より計算

（12）出井富美「ベトナム農業の改革と発展戦略」p.62　『現代ベトナム経済』

（13）林今淑『朝鮮経済』p.129

（14）「中国信息報」2001年11月22日

（15）鈴木典幸「1999年の国内経済」『北朝鮮の経済と貿易の展望1999年版』p.31　日本貿易振興会　2000年

（16）中川雅彦「再び悪化した対米関係」『アジア動向年報2002』p.69　アジア経済研究所　2002年

（17）「読売新聞」2003年8月23日朝刊

（18）「日本経済新聞」2003年10月3日朝刊

（19）以下は江橋正彦・山田康博『新生ベトナムの経済』pp.319-379（日本貿易振興会　1978年）を参考にした。

（20）注（13）p.224

（21）沈義燮・尹勝炫「金剛山旅遊特区的設立及其展望」p.35（「東

(33) 注（28）張英　p.167

(34) Dong Sung Kim　*China's Policy Toward North Korea and Cooperation Between South Korea and China*　pp.35–36 The Korean Journal of International Studies　Spring 1994

(35) 注（30）p.30

(36) 注（２）p.222

(37) 注（２）pp.222–223

(38) 外交部関係の研究機関からのヒアリング

(39) 林徳昌『海峡両岸援外政策之比較研究』p.253　成文出版社有限公司　1999年

(40)「毎日新聞」1996年７月18日朝刊。記事では「今後」がいつであるのかを明示していないが、96年あるいは97年以降と思われる。

(41) 30万トンの食糧援助については報道されておらず、中国の対外経済関係機関からのヒアリングによる。日本の報道によれば、中国は1995年10月に3000万元相当の援助を行ったが、これはトウモロコシ10万トン分に相当する（「日本経済新聞」96年３月29日朝刊）。一方96年はじめに北朝鮮が20万トンの食糧援助を要請したが、中国は２万トンしか応じなかったとの報道もある（「日本経済新聞」96年７月20日朝刊）。

(42)「人民日報」1996年５月23日

(43)「朝日新聞」2003年３月12日夕刊

(44)「朝日新聞」2004年１月10日夕刊

(45) 注（２）p.215

(46) 注（２）pp.229–230

(47)「日本経済新聞」1996年２月９日夕刊

(48) ラヂオプレス「RP 北朝鮮ニュース」1997年４月14日。原出所は「労働新聞」４月10日

(49)「RP 北朝鮮政策動向」1997年第８号　p.25,p.29

第二章

（１）The Economist 2002年７月27日号、および「環球時報」2002年８月15日

（２）「世界」2004年11月号　pp.238–249

年）を参照した。なお、沈の原文はソ連モスクワ新聞通信出版社が1984年に出版した『蘇聯与朝鮮沿着友誼和合作的路線前進』。

(20) 毛里和子『中国とソ連』p.29　岩波書店　1989年
なおルーブルは1961年に１ドルが４ルーブルから0.9ルーブルに切り上げられた。

(21) ソ連邦科学アカデミー・極東研究所『極東の諸問題』1984年１号、３号　FAR EASTERN AFFAIRS (Institute of the Far East, USSR Academy of Sciences) 1984年４号

(22) Yuri I Ognev *Contemporary Soviet-Korean Relations* p.355 "Korean Challenges and American Policy" (Edited by Ilpyong J. Kim) Paragon House Publisher 1991

(23) 注（22）に同じ。原出所は "SSSR i Koreya (USSR and Korea)" p.334 (NAUKA, USSR Academy of Sciences Publishing House, 1988)

(24) 注（22）に同じ。原出所はPrauda 1987年５月17日

(25) 注（22）に同じ。原出所はEconomicheskaya Gazeta33（1983）

(26) 日本貿易振興会『北朝鮮の経済と貿易の展望　1993年版』p.187。原出所はM.トリグベンコ・N.マカロフ「ロシア・北朝鮮間の貿易・経済関係」（ロシア科学アカデミー世界経済研究所アジア研究センター）

(27) 注（８）p.113。高額すぎると思うが、張英はこのなかで、ソ連の兵器の代金を130億ドルと述べている。

(28) 張英「朝鮮与中国的政治経済関係研究」p.160（東北亜研究課題組『蘇、朝、日対外経済関係専題研究報告』吉林省社会科学院　1988年）、および楊昭全『中朝関係史論文集』p.441（世界知識出版社　1988年）。楊はこの部分を８兆元（８万億元）としているが、これは1955年３月に中国が１万分の１のデノミを行ったためと思われる。

(29) 注（28）楊昭全　p.441。原出所は『金日成選集第４巻』p.52（人民出版社　1963年）

(30)『中華人民共和国対外経済貿易関係大事記　1949～1985』p.27によれば条約に調印したのは劉少奇とされる。

(31) 注（８）p.113

(32) 注（28）張英　p.164

注

第一章

（１）ドン・オーバードーファー『二つのコリア』p.184　共同通信社　1998年
（２）林今淑『朝鮮経済』p.43　吉林人民出版社　2000年
（３）ラヂオプレス『北朝鮮の現況　2004』p.177　2004年
（４）防衛庁防衛研究所編『東アジア戦略概観2003』p.120　2003年
（５）「朝日新聞」1999年４月25日朝刊
（６）「日本経済新聞」1999年９月29日朝刊。原出所は韓国国防省の資料
（７）安部桂司「北朝鮮の工業」p.132　『北朝鮮の経済と貿易の展望　1998年版』日本貿易振興会
（８）張英「中国東北地区同朝鮮的経済貿易関係」p.112　『中国東北地区同東北亜国家経済関係及其発展趨勢』吉林省社会科学院　1990年
（９）朱暁東「朝鮮経済困難対半島安全的影響及南北交流的重要意義」p.100　張英編『和平　和解　合作』吉林省社会科学院朝鮮・韓国研究所。出版年は載っていないが、内容から2000年に執筆されたものと思われる。
（10）『金日成著作集第31巻』p.357　外国文出版社　1987年
（11）陳龍山「我観朝鮮経済」p.9　「当代亜太」2002年９月号
（12）金承男「論2000年—2001年朝鮮経済形勢与政策走向」p.14　第三次中韓学術研討会交流論文　2001年
（13）『金日成著作集第３巻』p.111　未来社　1971年
（14）梁文秀『北朝鮮経済論』pp.167-168　信山社出版　2000年
（15）注（14）p.178
（16）注（14）p.175
（17）注（14）pp.174-176
（18）注（２）p.41
（19）いちいちは示さないが、以降のソ連の対北朝鮮援助に関するデータは、注（２）p.41,pp.212-229と、沈聖英「朝鮮与蘇聯的経済関係」pp.90-97（中国朝鮮経済学会『朝鮮経済文集』1986

今村弘子（いまむら　ひろこ）

一九五二年東京生まれ。富山大学教授。東京大学教養学科卒。ジェトロ（日本貿易振興機構）、在北京日本大使館専門調査員などを経て現職。著書に『中国経済はどこへ行くのか』（田畑書店）、『中国から見た北朝鮮経済事情』（朝日新聞社）、『中国経済論』（ミネルヴァ書房、共著）など。

集英社新書〇二九六A

北朝鮮《きたちょうせん》「虚構《きょこう》の経済《けいざい》」

二〇〇五年六月二二日　第一刷発行

著者……今村弘子《いまむらひろこ》
発行者……谷山尚義
発行所……株式会社集英社
東京都千代田区一ツ橋二-五-一〇　郵便番号一〇一-八〇五〇
電話　〇三-三二三〇-六三九一（編集部）
〇三-三二三〇-六三九三（販売部）
〇三-三二三〇-六〇八〇（制作部）

装幀……原　研哉
印刷所……凸版印刷株式会社
製本所……加藤製本株式会社

定価はカバーに表示してあります。

ISBN 4-08-720296-8 C0231

Printed in Japan

a pilot of wisdom